Fotoğrafım

Adım-Soyadım

_____

Kitabı Aldığım Tarih

_____

hazırlayan: nehir aydın gökduman

resimleyen: murat tanhu yılmaz

MASAL KİTABIM

DİB YAYINLARI

Diyanet İşleri Başkanlığı Yayınları: 1037
Çocuk Kitapları: 268

Yayın Yönetmeni
Dr. Yüksel Salman

Koordinasyon
Yunus Akkaya

Editör
Zeynep Ulviye Özkan

Grafik&Tasarım
indosa

Baskı Takip
İsmail Derin

Baskı
Gökçe Ofset Matbaacılık
0312 395 93 37

3. Baskı, Ankara 2017

Eser İnceleme Kararı: 07.11.2014/11

2017-06-Y-0003-1037
ISBN: 978-975-19-6046-7
Sertifika No: 12931

Dini Yayınlar Genel Müdürlüğü
Basılı Yayınlar Daire Başkanlığı
Üniversiteler Mah. Dumlupınar Bulvarı
No:147/A 06800 Çankaya/ANKARA
Tel: 0312 295 72 93-94 Faks: 0312 284 72 88
e-posta: diniyayinlar@diyanet.gov.tr

Dağıtım ve Satış:
Döner Sermaye İşletme Müdürlüğü
Tel: (O 312) 295 71 53 - 295 71 56
Faks: (O 312) 285 18 54
e-posta: dosim diyanet.gov.tr

İÇİNDEKİLER

FUNİ İLE KEDİ

Funi adında ufacık tefecik bir fare varmış. Funi hep küçük olmaktan yakınır durumuş. O sabah yaşadığı delikten başını çıkarmış, etrafı seyrediyormuş. O sırada kocaman bir kedi görmüş. "Ah ah! Şu kedi kadar büyük olsaydım, kimselerden korkmazdım." demiş.

O böyle üzülürken kedi karşıdaki çöpün içine zıplamış. Ne bulduysa yemeye başlamış. Bunu gören Funi, "Vaaay!" demiş. "Demek, çok büyümenin yolu çok yemekten geçiyor!"

İşte o gün Funi, büyümeyi aklına koymuş. Kedi gözden kaybolur kaybolmaz, deliğinden fırlamış. O çöp senin bu çöp benim dolaşmış. Ne bulduysa hapur hupur yemiş. Makarna, balık kafası, artık tost parçaları... Mmm çöpte neler varmış neler... Funi'nin karnı davul gibi şişmiş.

O günden sonra Funi'nin işi gücü yemek olmuş. Yemek işini öyle abartmış ki yiyecek aramaktan yuvasının yolunu bile unutmuş. Çöpte ne bulursa 'Hoop' mideye indiriyormuş!

Ee bu kadar yenir de kilo alınmaz mı? Funi, sonunda şişe şişe top gibi yuvarlak bir şey olmuş. Yolda giderken yürümüyor, adeta yuvarlanıyormuş.

Funi bir gün yine çöpleri karıştırıyormuş.
O da ne! Karşısında dev bir kedi durmuyor mu?
Üstelik kedi yiyecekmiş gibi ona bakıyormuş. Funi'nin koca
göbeği korkudan hop hop hoplamış. Derken Funi önde, kedi
arkada amansız bir takip başlamış.

Sonunda Funi yaşadığı deliğin önüne gelmiş, ama içeri gireyim
derken koca göbeği deliğe sıkışıp kalıvermiş. İşte tam o sırada
karşıda bir köpek belirmiş! Bunu gören kedi, korkuyla yerinden
fırlamış. Kedinin gidişiyle Funicik de rahat bir nefes almış.

Onu son gördüğümde zayıflamak için egzersiz yapıyordu.
Artık küçük olmaktan şikâyet etmeyecek... Ah bir zayıflayabilse!

SİVRİSİNEK İLE ASLAN

Vaktiyle ormanın birinde kendini beğenmiş bir sivrisinek yaşarmış. Bu sivrisinek, kendini kral sanır, önüne gelene kafa tutarmış. Bir gün yine yuvasından çıkmış, ağaçların arasında vızıldayarak uçuyormuş.

Bir yandan da:

- Buraların sahibi benim, adım kral sivrisinek, Önümde saygıyla eğilir, aslan, kaplan, ördek, inek, diye de bir şarkı tutturmuş.

O sırada otların arasından başını çıkaran kurbağa:

- Bu ormanın bir kralı varsa o da aslandır. Sen de kim oluyorsun, demiş.

Bu sözlere sivrisineğin canı sıkılmış. Ben aslandan daha güçlüyüm. Bunu ona gösterebilirim, diyerek hemen aslanı aramaya koyulmuş.

Derken ormanlar kralını bir ağacın altında dinlenirken bulmuş. Hemen aslanın başında vızıldamaya başlamış.

– Ben ormanlar kralı sivrisinek!

Aslan gözlerini aralayıp bakmış. Bu kendini beğenmiş sineği pek ciddiye almamış. Başını pençelerinin arasına alarak dinlenmeye devam etmiş. Fakat sivrisinek aslanın başında vızıldamayı sürdürmüş.

– Hıh, şu aslanın haline bakın. Ne kanadı var ne iğnesi. Uyuklayıp duruyor. Bir de kendini kral sanıyor. Ormanın kralı benim işte, benim!

Aslan, sivrisineğe kızarak pençesini şöyle bir savurmuş ama yakalayamamış. Sivrisinek ise şımardıkça şımarmış. Aslanı bir türlü rahat bırakmıyormuş. Aslan pençeleriyle onu yakalamak istedikçe:

– Yakalayamaz ki yakalayamaz ki, diye onunla eğleniyormuş.

Derken iyice ileri gidip aslanın burnuna konmuş ve onu 'Hart' diye sokuvermiş. Aslan öfkesinden ne yapacağını bilememiş. Sonunda bu arsız sineği yakalamaktan vazgeçip oradan uzaklaşmış. Artık sivrisinekten mutlusu yokmuş.

İşte ormanlar kralı dedikleri aslanı da yendim. Artık benden güçlüsü yok, diye vızıldayarak uçmuş uçmuş... Fakat o da ne! Sivrisinek en sevinçli olduğu anda bir örümcek ağına takılmasın mı!

- İmdaaat! Kurtarın beni İmdaaat, diye bağırmaya başlamış. Ama sesini kimseye duyuramamış.

Onu son gördüğümde ağlardan kurtulmak için çırpınıp duruyordu. Sence başarmış mıdır?

LEO İLE NEO

Leo ile Neo adında iki sevimli kaplan yavrusu varmış. Ormandaki yuvalarında anneleriyle birlikte yaşarlarmış. O gün anneleri dışarı çıkacakmış. Leo ile Neo'ya:

- Yavrularım, ben gidip yiyecek bir şeyler bulayım. Ben yokken yuvamızda oturun. Dışarı çıkmayın, demiş.

Leo ile Neo, mızmızlanarak:

- Lütfen anneciğim, bizi de götür, diye tutturmuşlar.

- Yiyecek bulmak zahmetli bir iş, demiş anne kaplan. Biraz daha büyüyün sizi de götüreceğim.

Anne kaplan az sonra evden çıkmış. Leo ile Neo ise kendi aralarında oyuna dalmışlar. Bir süre sonra Leo'nun canı sıkılmış.

- Uf yuvamız küçücük, oyunlarımız da hep aynı, demiş. Neo da:

- Kim bilir dışarısı ne kadar eğlencelidir, diye söylenmiş.

- Annemiz gelene kadar kapımızın önünde oynasak ne olur ki, demiş Leo.

- Kapımızın önü, yuvamız gibi, demiş Neo.

İki kardeş, yuvalarının önünde oynamaya başlamışlar. Az sonra ilerideki ağaçların önünde yusyuvarlak bir şey görünmüş.

- Şuna bak, demiş Leo, bir top. Birisi ormanda unutmuş olmalı.

- Ne duruyoruz? Hadi gidip oynayalım, demiş Neo.

Afacan yavrular hoplaya zıplaya topun yanına gitmişler. Leo eğilip topu alır almaz:

- Ay, diye bağırarak Neo'ya atmış.

Neo da topu tutar tutmaz acıyla yere fırlatmış.

Leo ve Neo ağlayarak eve koşmuşlar. Akşama eve dönen annelerine olanları anlatmışlar. Anne kaplan, çok üzülmüş. Yavrularına sarılarak:

- Yaptığınız hiç doğru değil. Bu size ders olsun, demiş. Top sandığınız şey kirpidir. Onun dikenleri elinize batmış. Daha tehlikeli bir hayvanla da karşılaşabilirdiniz.

Leo ve Neo üzüntüyle başlarını önlerine eğip annelerinden özür dilemişler. O günden sonra da annelerinin sözünden dışarı çıkmamışlar. Mutluluk ve güven içinde yaşamışlar.

EMRE'NİN TEMBELLİĞİ

Şehirdeki kocaman apartmanlardan birinde Emre adında bir çocuk yaşarmış. Emre ders çalışmayı hiç sevmezmiş. Okula dönünce çantasını bir köşeye atar, ödevlerini yapmazmış. Tek bildiği parka gidip oynamakmış.

Emre bir gün yine parka gitmiş. Kendini yemyeşil çimenlerin üzerine atmış, gökyüzünü seyrediyormuş. O sırada küçük bir serçe gelip ağacın dalına konmuş. Emre:

- Ah ben de bir serçe olsaydım da bütün gün böyle boş boş daldan dala uçsaydım, demiş.

Bunu duyan serçe:

- Serçelerin boş uçtuğunu da nereden çıkardın? Biz serçeler, yuva yapar, yumurta yumurtlar ve bu yumurtalardan çıkan yavrularımıza bakar büyütürüz, demiş

Emre, serçenin sözlerine dudak bükmüş. Bu kez de ağaca bakarak:

- Hiç değilse bir ağaç olsaydım. Bütün gün böyle parkta bomboş beklerdim, demiş. Bunu duyan ağaç:

- Ben mi bomboş duruyorum. Sözlerine dikkat et dostum, demiş. Biz ağaçlar köklerimizle topraktan su ve besin alıp, binbir çeşit meyve veriyoruz. Kuşları, böcekleri konuk ediyoruz. Üstelik en güzel salıncaklar da bizim dallarımıza kurulur.

Emre, ağaca ne diyeceğini bilememiş. Susup gözlerini çimenlere dikmiş. O sırada çiçekten çiçeğe uçan bir arı görmüş.

- İşte, sonunda buldum, demiş. Şöyle çiçeklerde haylaz haylaz dolaşan bir arı olsaydım bari. Bunu duyan arı:

- Daha neler, demiş. Arıların hiç çalışmadığını da nereden çıkardın? Bütün gün bal özü toplayan ve bal yapan kimmiş bakalım?

Emre uzandığı yerden doğrularak, oturmuş. Gerçekten de etrafındaki herkesin bir uğraşısı varmış. Üstelik herkes halinden memnunmuş. Emre doğruca evine gitmiş. O günden sonra da tembelliğe son vermiş. İşte bakın, şimdi de kitap okuyor...

Ve çoook mutlu görünüyor.

YALNIZ DUT AĞACI

Bir meyve bahçesinin ortasında büyük bir dut ağacı varmış. Bu dut gürültüyü şamatayı sevmez, dalına konan kuşları, arıları istemezmiş.

Fakat onun bu huyunu bilmeyen bir ağaçkakan bir gün ağacın gövdesine konmuş.

Tiki tak tiki tak, diye gagasıyla vurmaya başlamış. Dut ağacı birden irkilmiş. 'Ne oluyoruz' der gibi etrafına bakınırken ağaçkakanı görmüş.

- Heeey sen, diye bağırmış. Ne diye gövdemi gagalayıp duruyorsun?

- Seni böcek ve kurtlardan koruyorum. Benim işim bu, demiş ağaçkakan.

Dut ağacı, dudak bükerek:

- İstemem, demiş. Git başka ağaçları koru. Ben gürültüyü patırtıyı sevmem. Git tiki taklarını başka yerde yap. Beni de rahat bırak.

Ağaçkakan istenmediği yerde duramazmış. Kendine yeni ağaç dostları bulmak için havalanmış.

Böylece aradan günler geçmiş. Dut ağacı bir gün ansızın gıdıklanmaya başlamış. Gövdesindeki kabuğunun altında kıpır kıpır bir şeyler oluyormuş. Kıpırtılar giderek artmış. Sonunda kaşıntıdan yerinde duramaz olmuş. Meğer gövdesini saran kurtlar böcekler onu rahat bırakmıyormuş. Dut ağacı:

- Ay, uf, püf, diye inlemeye başlamış. Bunu gören bahçedeki diğer ağaçlar:

- Dut ağacı dut ağacı, ağaçkakanı kovmasaydın şimdi böyle kaşınmazdın, demişler.

Dut ağacı yaptığına çok pişman olmuş.

- Lütfen söyleyin ona, geri gelsin. Beni bu dertten kurtarsın, demiş.

Ağaçlar arkadaşlarının haline acımış. Tez elden ağaçkakana haber salınmış. Ağaçkakan uçup gelmiş. Dut ağacının gövdesinde tiki tak tiki tak çalışmaya koyulmuş. Sonunda ağaç, kurttan böcekten temizlenmiş. Kaşıntısı geçivermiş. Dallarına can gelmiş.

O günden sonra dut ağacı kimseyi etrafından kovmamış. Herkesin birbirine ihtiyacı olduğunu anlamış. Dutlarından sana da ikram etmek istiyor. Yer misin?

BOŞ SAKSI

Zamanın birinde bir padişah yaşarmış. Bu padişah yaşlı ve bilge biriymiş. Halkı tarafından da çok sevilirmiş. Fakat padişah da olsa herkesin derdi olabilir. Bu bilge padişahın da bir derdi varmış. Ömrü hep bir evlat özlemiyle geçmiş. Çünkü hiç çocuğu yokmuş.

Bir gün kendi kendine şöyle demiş. "Gittikçe yaşlanıyorum. Ben öldüğümde ülkemin iyi biri tarafından yönetilmesi gerek. O yüzden o insanı şimdiden bulmalıyım!"

Padişah bu düşünceyle, adamlarını başına toplayarak:

- Şimdi size vereceğim bu fasulye tohumlarını ülkemdeki bütün çocuklara tek tek dağıtacaksınız. Her kim fasulyesini en güzel şekilde yetiştirirse, büyüyünce benim yerime o geçecek, demiş.

Padişahın adamları vakit geçirmeden tohumları ev ev dolaşarak çocuklara dağıtmışlar. O günden sonra herkes padişahın yerine geçecek çocuğu merak eder olmuş.

Derken padişahın dediği gün gelip çatmış. Çocuklar tohumları ektikleri saksıları kucaklayıp neşeyle sarayın yolunu tutmuşlar. Ancak bu çocuklardan birinin yüzü hiç gülmüyormuş. Çünkü onun saksısında hiçbir yeşillik yokmuş. Tohumu ne çimlenmiş ne de boy vermiş.

Az sonra çocuklar tek tek saksılarını padişahın huzuruna çıkararak göstermeye başlamışlar. Padişahın tahtının önü bir anda yemyeşil fasulyelerle dolup taşmış. Ancak bir sorun varmış. Padişah bu durumdan hiç de memnun görünmüyormuş. O sırada üzgün çocuk saksısını getirip padişahın önüne bırakmış.

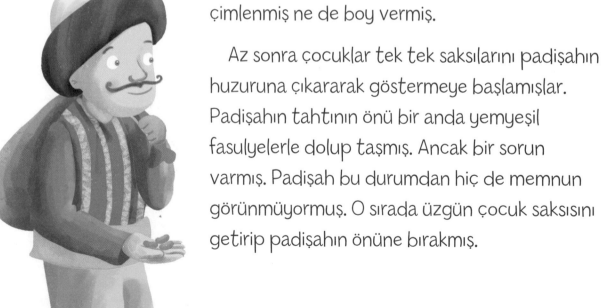

- Padişahım, elimden geleni yaptım. Tohumumu saksıya ektim. Her gün suladım. Ama bir türlü çimlenmedi, demiş.

İşte o an padişahın asık yüzünde kocaman bir gülümseme belirmiş. Çocuğun yanına gidip elini omzuna atmış.

- Hiç üzülme evlat, demiş. Olması gereken buydu. Çünkü dağıttığım fasulyelerin hepsi haşlanmıştı. Hiçbiri toprakta yeniden canlanamazdı. Ama görüyorum ki, verdiğim tohumların yeşermediğini gören arkadaşların saksıya başka tohumlar ekmiş. Şu durumda benden sonra yerime geçecek olan kişi sensin!

Ülkedeki çocukların hepsi yaptığından utanmış. Dürüstlüğün değerini anlamış olmalılar değil mi?

İNCİ'NİN ÖYKÜSÜ

Küçük bir su damlacığı, bulut annenin kucağında uyukluyormuş. O sırada şiddetli bir rüzgâr çıkmış. Bulut anne rüzgârın önünde hızla sürüklenmeye başlamış. Derken bir denizin üstüne gelmişler. Az sonra rüzgâr dinmiş. Bardaktan boşanırcasına bir yağmur başlamış. Bulut anne yavrularını tek tek yeryüzüne uğurlamış. Küçük yağmur damlası ise sıkı sıkıya tutunmuş, bulut anneden ayrılmak istemiyormuş. Ama bulut anne onu sevgiyle okşayarak:

- Haydi, bakalım sen de kardeşlerine katıl. Yeryüzünde çok işe yarayacaksınız, demiş.

Küçük su damlası bulut anneyle vedalaşarak isteksizce kendini aşağı bırakmış. Yeryüzüne doğru yol alırken hâlâ endişeliymiş. Küçücük bir su damlasının ne işe yarayacağını bir türlü anlayamıyormuş.

Sonunda bir denize 'Şıp' diye düşüvermiş. Su damlası, denize düşer düşmez şaşkınlıkla sağına soluna bakınmış.

- Aaa ne kadar çok su var burada, demiş. İşe yarayabilmek için ne yapsam ki? Hey bana iş vermek isteyen birileri yok mu?

Bunu duyan bir istiridye küçük su damlasını çok sevmiş. Hemen kabuğunu açarak onu sevgiyle kucaklamış. Sonra kabuğunu kapatıp derin bir uykuya dalmış. Böylece aradan günler aylar geçmiş. Su damlacığı istiridyenin kucağında pırıl pırıl bir inci tanesine dönüşmüş.

Derken denizin dibine dalan bir dalgıç bu istiridyeyi bulmuş. İçindeki inciyi almış ve bir kuyumcuya götürmüş. Kuyumcu o sırada bir sultanın tacını yapıyormuş. İnciyi alarak güzelce işlemiş ve taca takmış.

İnci çok mutluymuş:

- Bulut anne haklıymış, demiş. Yeryüzünde yaşamak çok güzel. Bir işe yaradığım için çok mutluyum.

MURAT'IN ÇİÇEĞİ

Murat'ın o gün canı sıkılmış. Annesine:

- Parka gidelim mi anneciğim, demiş.

Annesi ve Murat birlikte evden çıkmışlar. Parka gelince Murat biraz salıncakta sallanmış, kaydıraktan kaymış. Ama yine canının sıkıntısı geçmemiş. O sırada parkın kenarındaki rengârenk çiçekleri görmüş.

- Gidip biraz çiçek toplayayım, demiş. Murat'ın çiçekleri kopardığını gören annesi:

- Muratçığım, çiçekler dalında güzeldir. Onları koparma, diye uyarmış.

Ama Murat çiçekleri çok sevmiş, hâlâ toplamak istiyormuş. Annesi:

- Madem çiçekleri bu kadar çok seviyorsun, neden çiçek yetiştirmiyorsun, demiş.

- Ben çiçek yetiştirmeyi bilmiyorum ki, demiş Murat.

- Yolumuzun üstünde bir çiçekçi var. Gidip çiçek fidesi alalım. Onu saksıya dikip büyütürsün. Böylece bir çiçeğin olur, demiş annesi.

Murat sevinçle:

- Yaşasın, diye bağırmış. Çiçeğimi şimdiden çok merak ediyorum.

O gün annesi Murat'a bir çiçek fidesi almış. Eve gelince fideyi bir saksıya dikmişler. Annesi:

- Çiçeğini her gün sula. Toprağı kurumasın. Perdeyi aç ki ışık alsın. Çiçeğine bakmayı sakın ihmal etme, demiş.

Murat o günden sonra çiçeğini sulamış. Her gün ışık almasına özen göstermiş. Fakat diktikleri fide öylece duruyormuş. Ne bir yaprak çıkarıyormuş ne de boyu uzuyormuş. Murat ise bu duruma çok üzülüyormuş.

Nihayet çiçek günler sonra minicik bir yaprak çıkarmış. Bir yaprak, bir yaprak daha derken büyümesi haftaları bulmuş. Sonunda Murat bir sabah uyandığında fidesinin çiçek açtığını görmüş. Çok sevinmiş. Hemen annesine koşarak:

- Anneciğim fidem çiçek açtı... Hem de mis gibi kokuyor, demiş.

Annesi, Murat'ın başını okşayarak:

- Görüyorsun çiçekler ne kadar zor büyüyor. Artık parktaki çiçekleri de koparmazsın değil mi, demiş.

Murat ve annesi parka gidiyorlar. Murat'ın elinde bir sulama kabı var. Murat artık parktaki çiçekleri de sulayacakmış. İşte gerçek çiçek sevgisi bu!

TİLKİ İLE LEYLEK

Vaktiyle tilki ile leylek arkadaş olmuşlar. Tilki leyleği bir gün evine yemeğe davet etmiş. Leylek de bu teklifi seve seve kabul etmiş. Tilkiler kurnazlığıyla ünlüdür. Bu tilki de öyleymiş. Leylek yaptığı yemekten çok yemesin diye hemen bir çare düşünmüş. Sonra yemeği yayvan, dümdüz bir tabağa koyarak sofranın ortasına yerleştirmiş.

Az sonra kapı çalmış. Gelen leylekmiş. Tilki sinsi sinsi gülümseyerek:

– Buyursunlar efendim. Ben de sizi bekliyordum, demiş.

Birlikte sofraya oturmuşlar. Leylek uzun gagasıyla sofradaki yemeğe uzanmış. Fakat düz tabaktaki yemek gagasının önünden kaçıp gidiyormuş. Ne kadar uğraştıysa yemekten bir lokmacık bile alamamış. Tilki ise tabaktaki yemeği afiyetle midesine indirmiş.

O gece leylek aç kalmış. Tabii bu duruma canı çok sıkılmış. Ama bir şey de söyleyememiş. Arkadaşına veda edip evine dönerken karnından gurul gurul sesler geliyormuş.

Aradan günler geçmiş. Leylek, tilkinin yaptığını unutmamış. Ona hatasını göstermek istemiş. Hemen bir tencere yemek hazırlayıp tilkiyi yemeğe davet etmiş. Tilki süslenip püslenip arkadaşının kapısını çalmış.

– Hoşgeldin sevgili dostum, demiş leylek. Bilsen gelişinle beni ne kadar mutlu ettin.

Tilki bu güzel sözler üzerine kasıldıkça kasılmış. Az sonra sofraya oturmuşlar. Tilkinin gözleri sabırsızca masada dolaşmış ama özlediği nefis yemekleri görememiş. Az sonra leylek elinde vazoya benzeyen garip bir kapla çıkagelmiş. Kabı sofranın ortasına koyarak:

– Buyur tilki kardeş, demiş. İşte senin için hazırladığım nefis yemek.

Tilki, vazoya benzeyen bu tuhaf kaba bakakalmış. Leylek ise upuzun gagasını kabın içine daldırıp başlamış afiyetle yemeye...

Tilki o zaman hatasını anlamış. Birisi hapur hupur yerken, diğerinin aç kalması hiç hoş değilmiş doğrusu...

Leylek ile tilki artık birbirlerini yemeğe çağırdıklarında yemeklerini uygun tabaklarda sunuyorlar...

Gerçek dost kendinden önce karşıdakini düşünür, diye boşuna söylememişler.

EV FARESİ İLE TARLA FARESİ

Ev faresinin o gün canı sıkılmış. Dışarı çıkıp kırlarda gezmek istemiş. Dolaşırken arkadaşı tarla faresine rastlamış. Tarla faresi de yalnızlıktan sıkılmışmış. Ev faresini görünce çok sevinmiş. Birlikte oyuna dalmışlar. Bütün gün hoplayıp zıplayıp yorulmuşlar. Derken ikisinin de karnı acıkmış. Tarla faresi, ev faresini evine, yemeğe davet etmiş.

Ev faresi arkadaşının teklifini severek kabul etmiş. Birlikte tarla faresinin yuvasına gelmişler. Tarla faresi yiyecek dolabından bir kâse buğday çıkarmış. Kâseyi sofraya koyup arkadaşını buyur etmiş. Ev faresi sofraya oturunca çok şaşırmış. Arkadaşının yemek dediği bu muymuş? O buğdayı yemekten bile saymazmış. Ama arkadaşına belli etmemiş. Buğdaydan isteksizce yemiş. Yemekten sonra:

– Sen de yarın bana yemeğe gelir misin, demiş.

– Elbette gelirim, demiş tarla faresi.

Ertesi gün ev faresi, tarla faresinin kapısını tıklatmış. Çok geçmeden ev faresi kapıda belirmiş. Korkak bir sesle:

- Hoşgeldin, demiş. Çabuk, çabuk içeri gel.

Tarla faresi, apar topar içeri girmiş. Koşa koşa dar ve uzun bir koridordan geçerek, küçük bir odaya gelmişler. Odanın ortasında nefis bir sofra duruyormuş.

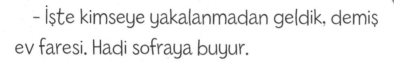

- İşte kimseye yakalanmadan geldik, demiş ev faresi. Hadi sofraya buyur.

Tarla faresi şaşkın şaşkın bakakalmış. Üf sofrada neler yokmuş ki... Envai çeşit peynirler, salamlar, sosisler, cevizli kurabiyeler, fındık ve fıstıklar. O böyle bakınırken:

- Hadi ye, dostum, demiş ev faresi. Bunları bizim evin mutfağından aşırdım. Tatlarına bayılacaksın.

Tam yiyeceklere uzanacakken bir tıkırtı duyulmuş. Tarla faresi:

- O da ne, demiş korkuyla.

- Bizim evin kedisi, demiş ev faresi. Yine beni aramaya çıkmış anlaşılan. Çabuk sofranın altına saklan.

İki fare korkuyla sofranın altına saklanmışlar. Az sonra tıkırtı kesilmiş. Yeniden sofraya oturmuşlar.

Tam yiyeceklere uzanacakları sırada, bu sefer de yakınlarda sert mi sert ayak sesleri duyulmuş.

– Eyvah, demiş, ev faresi. Bu da ev sahibim olmalı. Tıkırtımızı duymuş, elinde süpürge bizi yakalamaya geliyor. Çabuk sofranın altına...

Tarla faresi daha fazla dayanamamış, korkuyla yerinden fırlayarak:

– Ben gidiyorum, dostum, demiş. Sofradaki yiyecekler nefis görünüyor ama buralar hiç güvenli değil. Ben tarlamda özgürce yaşamaya alışkınım. Üstelik buğday yemeye de bayılırım. Sen de benimle gelmez misin?

Ev faresi arkadaşına hak vermiş. Artık o da korku içinde yaşamak istemiyormuş. Birlikte yola çıkıp tarlaya gelmişler. O günden sonra özgürce ve mutluluk içinde yaşamışlar. İşte bakın sofraya oturmuş kıtır kıtır buğday kemiriyorlar. Seslerini duyuyor musunuz?

KÖPEK İLE KORKULUK

Vaktiyle tarlanın birinde bir korkuluk varmış. Tarla sahibi onu buraya kuşları, fareleri korkutsun diye dikmiş. O yüzden korkuluğu gören hayvanlar tarlaya girmez, hep uzağından geçerlermiş. Korkuluğun da tek başına çok canı sıkılırmış.

Yalnızlık zordur. Korkuluklar için de... Bizim korkuluk da bir gün kendine bir arkadaş bulmak istemiş. Tarlanın üstünden uçan bir kargaya seslenerek:

- Karga kardeş, benimle arkadaş olur musun, demiş.

- Ben korkunç kimselerle arkadaş olamam, demiş karga. Sen şu haline bir baksana!

Korkuluk, üzülerek başını önüne eğmiş. Derken ilerideki tarla faresini görmüş.

- Fare kardeş, benimle arkadaş olur musun, demiş.

- Seninle arkadaş olmak mı, demiş fare. Bu imkânsız. Çok korkunç görünüyorsun.

Korkuluk, herkesi korkuttuğu için kendini suçlu hissetmiş. Üzüntüsünden ağlamaya başlamış. O sırada yakınlardan geçen bir köpek korkuluğun hıçkırıklarını duymuş. Yanına sokularak sormuş:

- Neyin var korkuluk kardeş, neden ağlıyorsun?

- Neden olacak, demiş korkuluk. Herkes benden korkuyor. Bir tanecik arkadaş bile bulamıyorum.

- Bunda üzülecek ne var ki, demiş köpek. Korkutmak senin görevin. Burada böyle beklemeseydin, tarlaya haylaz kuşlar gelir buğdayları yiyip bitirirdi. Böylece tarlayı eken çiftçi amcanın emekleri de boşa giderdi. Ben de sahibimin oturduğu evi bekliyorum. Eve girmek isteyen hırsızlara göz açtırmıyorum. Biz bunları yapmasaydık sahiplerimiz ne kadar zor durumda kalırdı değil mi?

Korkuluk köpeğin sözlerine hak vermiş. Yaptığı işin önemini anlamış.

- Öyleyse biz de ikimiz arkadaş olalım köpek kardeş, demiş.

O günden sonra korkuluk ve köpek arkadaş olmuşlar. Birlikte bekçilik yapmaya devam etmişler. Öyle bomboş beklememişler tabii. Son gördüğümde birbirlerine masal anlatıyorlardı

KARAKAÇAN NASIL KAÇTI

Ali Dayı'nın Karakaçan adında bir eşeği varmış. Ali Dayı eşeğini kasabaya gitmek isteyen yolculara kiralarmış. O gün de köyden biri Karakaçan'ı kiralamak istemiş. Ali Dayı da kasabaya gidecekmiş. Fakat kendisi yolu yürümeyi göze almış. Eşeğini köylüye kiralamış.

Köylü Ali Dayı'nın eşeğine binmiş, Ali Dayı da yanlarında birlikte yola çıkmışlar. Fakat hava sıcak ve yol uzunmuş. Ali Dayı, Karakaçan'ın üzerine kurulmuş köylü adamı gördükçe içten içe: "Karakaçan'ı bugün kiraya vermekle iyi etmedim" diyormuş. "Ne vardı kasabaya yürüyerek gidecek. Uf ayaklarım..."

Derken köylü adam da eşek üstünde gitmekten yorulmuş. Karakaçan'ı durdurup aşağı inmiş. Sonra da eşeğin gölgesine uzanıp dinlenmek istemiş.

Bunu gören Ali Dayı:

- Hey hemşerim! Dur bakalım, eşeği sana kiraladıysam, gölgesini de kiralamadım ya; orada dinlenmek benim hakkım, demiş.

Köylü, hiç oralı olmamış.

- Eşeği kiraladıysam gölgesi de benimdir, demiş. Ali Dayı'nın iyice canı sıkılmış.

- Hiç de bile... Yalnızca eşeğe binme hakkı senin, eşeğin gölgesi benimdir, demiş.

Köylü, daha da diklenerek:

- Eşek de benim gölgesi de, diyerek inat etmiş.

Onlar böyle tartışırken Karakaçan'ın canı sıkılmış. "Gidip biraz dolaşayım" demiş kendi kendine...

Ali Dayı ile köylü eşeğin gölgesi senin mi benim mi diye tartışadursun Karakaçan çayırdaki nefis otlardan yiye yiye gözden kaybolmuş. Bizimkiler kavgayı kestiklerinde bir de bakmışlar ki eşeğin yerinde yeller esiyor.

O zaman gereksiz bir tartışma yüzünden eşeği kaybettiklerini anlamışlar. Ama iş işten geçmiş. İkisi de kasabaya yürüyerek gitmek zorunda kalmışlar. Karakaçan o günden beri kayıp. Göreniniz var mı?

KUPİ'NİN KEMİĞİ

Bir zamanlar Kupi adında bir köpek varmış. Kupi tam bir kemik canavarıymış. Nerede bir kemik görse dayanamaz, adeta saldırırmış. O gün yine çöpte harıl harıl kemik arıyormuş. O sırada arkadaşı Kıpır'ı görmüş. Kıpır kocaman bir kemiği, iki ayağının arasına almış keyifli keyifli kemiriyormuş.

Kupi, dayanamamış, bir panter gibi atılarak arkadaşının kemiğini kapmış, hızla koşmaya başlamış.

- Heeey! N'apıyorsun? O kemik benim! Çabuk geri getir, diye bağırmış, Kıpır.

Ama duyan kim? Kupi elinde kemik koşmuş koşmuş. Kıpır'ı atlattığına emin olunca bir duvar dibine sığınmış. Kemiği iştahla yalamaya başlamış. Fakat içi rahat değilmiş. Kıpır gelip onu bulur diye korkuyormuş. Kemiğini ağzına alarak yeniden yürümeye başlamış.

Derken bir köprünün üstüne gelmiş. Karşıdan karşıya geçecekmiş. Fakat aşağı eğilince ne görsün? Bir köpek ağzında kocaman bir kemikle köprünün altından kendine bakmıyor mu! Kupi'nin ağzı sulanmış.

- Şuna bak, demiş. Bu köpeğin kemiği benimkinden de büyük. En iyisi onu almak. Böyle der demez ağzındaki kemik suya düşmüş. Kupi de köprünün altındaki köpeğin ağzındaki kemiği almak için 'Cup!' diye suya atlamış.

Fakat o da ne? Suya atladığında ne köpek görmüş ne de kemik. Meğer gördüğü, sudaki kendi yansımasıymış. Kupi'nin açgözlülüğü başına iş açmış. Eski kemiği de akıntıya kapılıp kaybolmuş.

Kupi'yi gördüğümde yine bir şeyler arıyordu. Arkadaşı Kıpır'ı arasa keşke. Ondan güzelce özür dilese. Ve bulduğu kemikleri arkadaşıyla paylaşmayı bilse!

SALYANGOZ İLE KELEBEK

Güzel mi güzel bir ormanda Sali adında sevimli bir salyangoz yaşarmış. Sali bütün gün yemyeşil otların, rengârenk çiçeklerin arasında gezer, şarkılar söylermiş.

"Ormandır ülkem, sırtımdadır evim,
Boş durmayı sevmem, gezerim de gezerim."

Sali yine böyle ormanda dolaşırken, çiçekten çiçeğe konan bir kelebek görmüş. Kelebeğin şarkısı da pek hoşmuş.

"Kanatlarım rengârenk, Dolaşırım çiçek çiçek, Kimselere benzemem, Kelebeğim kelebek."

Salyangoz, bu şarkıyı çok beğenmiş. Çiçekten çiçeğe uçuşan kelebeği hayranlıkla seyre dalmış. Bir yandan da, "keşke benim de böyle pırıl pırıl parlayan benekli kanatlarım olsaydı" diye içini çekiyormuş.

- Ama nerede! Kendimi bildim bileli evimi sırtımda taşırım. Ne kadar da şanssızım.

O böyle üzülürken birden güneş gökyüzündeki bulutların arkasına gizlenmiş. Hava gürül gürül gürüldemiş. Az sonra şıpır şıpır bir yağmur başlamış.

Kelebek incecik, parlak kanatlarını titreterek, korkuyla bir yaprağın altına atmış kendini. Ama yine de ıslanmaktan kurtulamamış.

Salyangoz ise hemen başını evinin içine çekmiş. Yağan yağmurdan hiç etkilenmemiş. Tir tir titreyen kelebeği görünce haline şükrederek:

- Kıvrım kıvrım evimi çok seviyorum, demiş. İyi ki var! Keşke kelebek kardeşi de konuk edebilseydim.

KARINCA İLE GÜVERCİN

Çalışkan karıncanın biri o gün ormanda gezintiye çıkmış. Bulduğu kocaman bir buğday tanesini yüklenmiş evine dönüyormuş. Fakat ayağı bir taşa takılmış. 'Cup' diye bir su birikintisine yuvarlanıvermiş. Su bir avuç bir şeymiş. Ama karıncaya deniz gibi gelmiş. Zavallıcık boğulmamak için çırpınmaya başlamış. Bir yandan da bağırıyormuş:

- İmdaaat! Kurtarın beni! İmdaaat!

O sırada oradan geçmekte olan bir güvercin karıncanın sesini duymuş. Hemen yakındaki söğüt ağacından küçük bir dal koparmış. Suda çırpınan karıncaya uzatmış. Karınca söğüt dalına uzanarak güçlükle kıyıya çıkmış. Kendini yorgun argın yere bırakarak:

- Çok teşekkür ederim güvercin kardeş. Seni Allah gönderdi.
Yoksa bu suda boğulup gidecektim, demiş.

Güvercin alçakgönüllü biriymiş.

- Benim yerimde kim olsa aynı şeyi yapardı kardeşim, demiş.
Kurtulduğuna çok sevindim.

Güvercin ve karınca o günden sonra dost olmuşlar. Hemen her gün bir araya gelip hoşça vakit geçirmişler.

Günlerden bir gün, ormana bir avcı gelmiş. Avcı elindeki tüfeği doğrultmuş vuracak kuş arıyormuş. O sırada güvercin de bir dala konmuş, karıncayı bekliyormuş. Avcı, güvercini görür görmez tüfeğini doğrultup nişan almış. Tam güvercini vuracağı sırada bunu gören karınca hızla ileri atılmış ve avcının ayağını ısırıvermiş. Canı yanan avcı tüfeğini indirip ayağını ovuşturmuş. Avcıyı fark eden güvercin de 'Pıırr' diye uçuvermiş...

Böylece karınca ve güvercinin dostluğu daha da güçlenmiş. Dost birbirinin en zor anında yardımına gidenmiş.

AYI İLE ASLAN

Vaktiyle yemyeşil bir ormanın ortasında gürül gürül bir su kaynağı akarmış. Ormanda yaşayan binbir çeşit hayvan bu kaynaktan su içer, rengârenk çiçekler bu kaynağın suyuyla serinlermiş.

Bir gün ormanlar kralı aslan çok susamış, öyle ki dili damağına yapışmış. Kaynağa doğru yürümüş. O sırada ayı da su içmek için kaynağa gidiyormuş. İki hayvan yolda karşılaşmışlar. Yol kaynağa yaklaştıkça daralıyormuş. Aslan kaynağa daha önce varmak için adımlarını hızlandırmış. Ayı da ondan geri kalmamış. İki yarışçı gibi koşarak kaynağın başına gelmişler.

Ayı bir adım öndeymiş. Kaynağın başına gelir gelmez eğilip su içmeye başlamış. Bunu gören aslan ise çok kızmış.

- Burada kocaman aslan dururken önce su içmeye utanmıyor musun, demiş.

- Asıl kocaman olan benim, demiş ayı. Şu pazılarıma baksana. Sana bir vurursam yeri boylarsın.

- Aman çok korktum, demiş aslan. Çekil şu suyun başından. Yoksa keskin dişlerimle şimdi seni yerim.

- Hah, demiş ayı. Ye de görelim bakalım. Ben senin midene otururum. Bir daha su bile içemezsin.

Ayıyla aslanın tartışması böyle uzamış gitmiş. Derken ağaçların üstünden sesler gelmeye başlamış:

- Ayı! Ayı! Ayı!...

- Aslan! Aslan! Aslan!

Aslan ile ayı başlarını kaldırıp ağaçlara bakmışlar. O da ne! Bir akbaba sürüsü ikiye ayrılmış onların kavgasını kızıştırmaya çalışmıyor mu! Ayı şaşkın şaşkın sormuş:

- Bunlara da ne oluyor?

- Ne olacak! Birbirimizi öldürmemizi bekliyorlar, demiş aslan. Üzerimize üşüşüp bizi yemek için!

Ayı, hatasını anlamış.

Hemen tartışmayı bırakarak:

- Buyur aslan kardeş. Önce sen iç, demiş.
Aslan da nezaketle geri çekilerek:

- Çok düşüncelisin kardeşim, lütfen önce sen
buyur, demiş.

Aslan ve ayı birbirlerini incitmeden sırayla kaynaktan doya doya su içmişler. Akbabalar ise bu işe şaşıp kalmış. Kendilerine yiyecek bulamamanın üzüntüsüyle havalanmışlar.

GÜLİBİK'İN HAYALİ

Bir çiftlikte Gülibik adında bir horoz yaşarmış. Gülibik nedense hayatından pek memnun değilmiş. Ne kümesini ne de arkadaşlarını beğenirmiş. Tek hayali kralın yaşadığı saraya gitmekmiş. Bir gün kümesteki tavuklara:

- Ben saraya gidip kralın horozu olacağım. Her sabah güzel sesimle kralımızı uyandıracağım. Yeni kümesim de sarayın bahçesinde olacak, demiş. Tavuklar:

- Yapma, etme, sahibimizden izinsiz bir yere gitme, dedilerse de Gülibik'e söz geçirememişler.

Gülibik, neşeyle hoplaya zıplaya yola düşmüş. Bir yandan da, "üüü ürü üüü..." diye neşeyle ötüyormuş. O sırada horozun sesini duyan bir tilki, ağaçların arasından başını çıkarmış.

- Nereye böyle horoz kardeş? diye sormuş. Horoz:

- Saraya gidiyorum, demiş. Artık kralın horozu olacağım. Bu güzel sesimle onu uyandıracağım.

Tilki, sinsi sinsi gülümseyerek:

- Aa, ne güzel rastlantı, demiş. Ben de sarayın bekçisiyim. Sabahları kralımızı uyandıracak bir horoz aramaya çıkmıştım. İstersen seni saraya götürebilirim.

Horoz, tilkiye inanmış. Hiç düşünmeden peşine takılmış. Böyle gitmişler gitmişler... Akşama kadar yürümüşler.

Derken ıssız mı ıssız, sessiz mi sessiz bir vadiye gelmişler. Tilkinin yuvası bu vadideki kayalığın içindeymiş. Büyük bir kayanın önüne gelince:

– İşte geldik, demiş. Şu kovuktan da geçtik mi, saray önümüze çıkacak.

Gülibik, o an tilkinin açlıktan parıl parıl parlayan gözlerini fark etmiş. Kandırıldığını anlar gibi olmuş. İçi korku dolmuş. Fakat tam kaçacağı sırada tilki onun üzerine atlamasın mı! Horozların gagaları böyle durumlarda kurtarıcı gibidir. Gülibik de o can havliyle gagasını kullanmış. Tilkinin didiklemedik yerini bırakmamış. Sonunda elinden kurtulmayı başarmış.

Gülibik'i çiftliğe doğru koşarken bir görmeliydiniz. Sarayı çoktan unutmuşa benziyordu. Üstelik "Kümesim de kümesim, benim güzel kümesim!" diye bir şarkı tutturmuştu. Neden acaba?

TAHTA ÇUBUKLAR

Vaktiyle küçük bir köyde yaşlı bir adamcağız yaşarmış. Bu adamın dört oğlu varmış. Ama dört çocuğunun dördü de huysuzmuş. Hiçbiri biriyle geçinemezmiş. Aralarında sürekli kavga gürültü çıkarmış. Yaşlı adam bu durumdan bıkmış usanmış. "Çocuklarımın güzel güzel geçindiğini göremeden bu dünyadan göçüp gideceğim" diye üzülürmüş.

O böyle üzüledursun, bir gün köye bir bilgenin yolu düşmüş. Bilge adam bu çocukların arasındaki geçimsizliği duymuş. Yaşlı babanın haline acımış. Hemen evlerinin yolunu tutmuş. Evin babasıyla tatlı bir hoşbeşten sonra, çocuklara seslenerek:

- Sizden bahçeye çıkarak bana sağlam çubuklar toplamanızı istiyorum, demiş.

Çocuklar bilgenin sözüne anlam verememişler. Ama evlerine gelen misafiri de kırmayarak bahçeye gidip çubukları toplamışlar. Bilge, çocukların karşısına geçerek, her birine birer çubuk uzatmış. Sonra da:

- Hadi bakalım, elinizdeki çubukları kırın, demiş. Çocuklar kolayca çubukları kırmışlar. Bilge daha sonra çocuklara bir araya getirdiği kalın çubuk destesi vermiş.

- Şimdi her biriniz elinizdeki çubukları kırsın bakalım, demiş.

Çubukların sayısı artınca kırılmaları da güçleşmiş tabii. Çocuklar ne kadar uğraştılarsa ellerindeki çubuk destesini kıramamışlar.

Bilge o zaman tatlı tatlı gülümsemiş. Çocukların başını okşayarak:

– Görüyorsunuz ya demiş, bir tek çubuğu bir çırpıda kırıverdiniz ama çubuklar çoğalınca hepsine birden güç yetiremediniz. İşte hayat da böyledir. Eğer hayatta tek başınıza olursanız güçsüz düşersiniz, ama dört kardeş birlik olursanız her işin üstesinden gelirsiniz.

Çocuklar yaptıkları hatanın farkına varmışlar. O günden sonra birbirleriyle kavgayı tartışmayı bırakmışlar. Birbirlerine her işlerinde yardım etmişler. Yaşlı babanın da yüzü gülmüş. Şu dünyada birlik ve beraberlik gibisi yokmuş.

DÖRT ARKADAŞ

Vaktiyle ormanın birinde dört arkadaş varmış. Bunlar kim miymiş? Ceylan, kaplumbağa, karga ve fare... Dördü de çok iyi anlaşırlarmış.

Ceylan o gün hoplaya zıplaya yola koyulmuş. "Bugün arkadaşlarımla en güzel oyunları oynayacağım" diye seviniyormuş. Fakat böyle sevinçle yürürken önüne çıkan tuzağı fark edememiş. Paldır küldür içine yuvarlanıvermiş. Neye uğradığını anlayamayan ceylancık korkuyla tuzaktan kurtulmaya çalışmış. Ama boşuna; çırpındıkça ağlara daha da dolanmış.

Az sonra kaplumbağa, fare ve karga oyun oynadıkları ağacın altında toplanmışlar.

Ceylanın olmadığını görünce meraklanmışlar.

- Ceylan hiç geç kalmazdı, demiş kaplumbağa.

- Her zaman önce o gelirdi, demiş fare.

- Bunda bir iş var, demiş karga. Siz bekleyedurun ben gidip bir bakayım.

Karga hemen ceylanın yuvasına doğru kanat çırpmış. Giderken de merakla sağa sola bakınıyormuş. Çok geçmeden tuzağın içindeki ceylanı görmüş. Hemen koşup diğerlerine haber vermiş.

Fare, kaplumbağa ve karga vakit geçirmeden ceylanın düştüğü tuzağın başına gelmişler. Fare hemen keskin dişleriyle işe koyulmuş. Ağları kesip ceylanı kurtarmış.

Tam o sırada avını almaya gelen avcı, ceylanın kaçtığını görünce çılgına dönmüş. Kaçmaya çalışan kaplumbağayı yakaladığı gibi çantasına atmış.

Bunu ağaçların arasından gören ceylan hızla öne atlamış. Ceylanı gören avcı heyecanla onu takibe koyulmuş. Koşarken nefes nefese kalmış. Sonunda yükünü hafifletmek için çantasını yere bırakmış. Kaplumbağa da bundan yararlanıp kaçıvermiş.

Ceylan da kaçarak izini kaybettirmiş. Yorgun avcı ise sonunda pes edip avlanmayı bırakmış.

Böylece dört arkadaş yeniden bir araya gelmişler. Yardımlaşmayla dostlukları daha da güçlenmiş. Dostluk gibisi var mı?

GEYİĞİN BOYNUZLARI

Vaktiyle yemyeşil bir ormanda bir geyik yaşarmış. Geyik bir gün göl kenarına gitmiş. Eğilip su içerken sudaki aksini görmüş.

- Vaaay, demiş şu boynuzlarımın güzelliğine bak. Sanki başımın üstünde kocaman bir ağaç var. Ormanın en gösterişli hayvanı benim.

Sonra vücudunu incelemeye başlamış.

- Gözlerim de çok güzelmiş. Ya şu tüylerimin parlaklığına ne demeli. Var mı benden güzeli, demiş.

Geyik böyle kendini beğenip dururken birden gözleri bacaklarına kaymış.

- Ayy bunlar da ne böyle, diye bağırmış. Bacaklarım ne kadar da inceymiş. Hıh hiç de boynuzlarım gibi görkemli ve güzel değil.

O bacakları için böyle üzüledursun, o sırada:

- BAM! BAM, diye bir ses duyulmuş.

Geyiğin korkudan aklı başından gitmiş. Çünkü karşıdan elinde tüfeğiyle bir avcı geliyormuş.

Zavallı geyik, can korkusuyla kendini ağaçların arasına atmış ve hızla koşmaya başlamış. Avcı arkada o önde koşmuşlar koşmuşlar. Geyiğin bacakları öyle güçlü ve hızlıymış ki avcıyı gerilerde bırakmış. Fakat tam kurtuldum diye sevinirken boynuzları bir ağacın dallarına takılıp kalmasın mı!

Geyik kurtulmak için çırpınmaya başlamış. Avcı ise giderek yaklaşıyormuş. Geyiği yakalaması an meselesiymiş. Geyik son bir gayretle boynuzlarını kurtarmayı başarmış.

Hızla oradan uzaklaşırken:

Meğer bacaklarım ne kadar da güçlüymüş diyormuş. Uzun ve ince oldukları için boşuna üzülmüşüm. Bacaklarımı çok seviyorum. Hem de en az yaramaz boynuzlarım kadar.

SABIR DEDE'NİN AĞAÇLARI

Vaktiyle köyün birinde hazırcevaplığıyla tanınan bir ihtiyar yaşarmış. Herkes ona Sabır Dede dermiş. Sabır Dede, adı gibi hem çok sabırlı hem de sözü sohbeti dinlenen biriymiş. İlerlemiş yaşına rağmen boş durmayı da hiç sevmezmiş.

Sabır Dede o gün fidan dikecekmiş. Köyün ilerisindeki ormana gitmiş. Eline kazmayı almış, fidanlar için çukur kazmaya koyulmuş. O sırada ağaçların arasında atlarının üstünde üç adam belirmiş. Sabır Dede, gelenleri ilk kez görüyormuş. Adamların önde olanı, atını durdurarak:

- Kolay gelsin dede, demiş. Ne yapıyorsun böyle?

- Sağ ol evlat, demiş Sabır Dede. Ağaç dikiyorum.

Atın üstündeki adam alaylı alaylı gülerek sormuş:

- Nasıl olsa bu ağaçların meyvesinden yiyemeyeceksin. Niye boşuna kendini yoruyorsun?

Sabır Dede durup gülümsemiş.

- Biz de bizden öncekilerin diktikleri ağaçların meyvesini yemiyor muyuz evlat, demiş.

Bu cevap atın üstündeki adamın hoşuna gitmiş. Hemen cebinden bir kese altın çıkarıp ihtiyara uzatmış. İhtiyar altın kesesini alıp içine bakmış.

- Başkalarının diktiği ağaçlar yıllar sonra meyvesini verirken benim diktiklerim daha dikerken karşılığını verdi, demiş.

Bu cevap atın üzerindeki adamın hoşuna gitmiş. Sabır Dede'ye bir kese altın daha vermiş. Sabır Dede, altınlara sevinmiş.

- Başkalarının diktikleri meyve ağaçları yılda bir kez meyve verirken, benimkiler iki kere verdi, demiş.

Atın üstündeki adam, Sabır Dede'nin cevaplarına hayran kalmış. Bir kese daha altın verdikten sonra, yanındaki adamlara dönerek:

- Artık gidelim, demiş. Yoksa bu ihtiyar bizde altın bırakmayacak.

Atın üstündeki adam meğer ülkenin padişahıymış. Böyle kıyafet değiştirip halkının arasında dolaşırmış. Sabır Dede'yi de çok sevmiş. Adamlarıyla birlikte onun elinden öperek oradan ayrılmış. O günden sonra da sık sık bu akıllı ihtiyarı ziyarete gelmiş.

MERAKLI MUMİ

Vaktiyle ormanın birinde meraklı bir tavşan yaşarmış. Adı Mumi'ymiş. Mumi o kadar meraklıymış ki burnunu sokmadığı iş yokmuş. Kim nerede ne yapıyor, kimin neşesi yerinde, kimin derdi çok, her şeyi araştırırmış. Ormanda ne var ne yok ondan sorulurmuş. Mumi bir gün ormandan sıkılarak:

- Burada görebileceğim her şeyi gördüm, çıkıp biraz etrafı dolaşayım, demiş.

Derken bir çiftliğin yakınlarına kadar gelmiş.

- Aa ne kadar da güzel bir ev. Acaba içinde kimler yaşıyor, demiş.

Sonra sessizce eve doğru yürümüş. Eve yaklaştıkça merakı ve heyecanı artıyormuş. Derken evin arka bahçesine kadar gelmiş. Bahçede bir salıncak görmüş. Bu kez de salıncakta sallanmanın nasıl bir şey olduğunu merak etmiş. Binip sallanmaya başlamış. O sırada evin açık olan arka penceresini görmüş.

Acaba içeride ne var, diye meraklanmış. Sonunda dayanamamış, pencereye çıkıp içeri atlamış. Odada kimsecikler yokmuş. Kapısı da açıkmış. Meraklı tavşan hemen öteki odaya geçmiş, öteki odaya öteki odaya derken evin her köşesini dolaşmış. Ama kimsecikleri görememiş.

– Allah Allah, demiş bu kez de. Evin sahipleri nereye gitti acaba?

Kimseyi bulamayınca pencereden dışarı atlamış. Bahçede küçük bir kulübe görmüş. "Koca evde kimse olmadığına göre burası da boştur herhalde" diye düşünmüş. Gidip kapısını açıp içeri bakmış. Açar açmaz da gözleri yuvalarından fırlamış. Çünkü kocaman bir köpek, ağzını açmış esniyormuş. Meğer burası bekçi köpeğinin kulübesiymiş.

Köpek, tavşanı görür görmez, 'Hırrr' diye öne atılmış. Tavşan korkuyla kaçmaya başlamış. Neyse ki hızlı koşabiliyormuş. Köpeği atlatmayı başarmış.

Tavşanı son gördüğümde ormanda neşeyle havuç topluyordu. Artık kendini ilgilendirmeyen şeyleri merak etmiyor galiba.

GECE LAMBASI ŞUBİ

Ateşböceği Şubi, o gece evinden çıkmış. Ağaçların arasında uça uça yol alıyormuş. O sırada ağlamaklı bir ses duymuş.

- Anneciğim anneciğim, neredesin?

Ses karşıdaki çalılıklardan geliyormuş. Şubi hemen o tarafa doğru uçmuş. Çok geçmeden çalıların arasına büzülmüş küçük sincabı görmüş.

- Neden ağlıyorsun sincap kardeş, demiş.

Sincap gözlerindeki yaşları silerek:

- Arkadaşlarımla oynarken akşam oluverdi.

- Karanlıkta evimin yolunu bulamıyorum da ondan, demiş.

Şubi ağlayan birini görünce dayanamazmış.

- Lütfen ağlama, demiş. İstersen benim ışığımla yolunu bulabilirsin.

Sincap bu sözlere çok sevinmiş. Birlikte yürümeye başlamışlar. Sincap, ateş böceğinin aydınlattığı yolda önünü görebiliyormuş. Böyle gide gide sonunda evi bulmuşlar.

Sincap:

- Çok teşekkür ederim ateş böceği, demiş. Tıpkı bir gece lambası gibisin. Sen olmasan ne yapardım.

- Bir şey değil, demiş Şubi. Yarın birlikte oynayalım mı?

- Ama ben bir daha karanlığa kalamam ki, demiş sincap. Çok korktum.

- Karanlığa kalmayacaksın ki, gündüz oynayacağız.

- Yaa, ateş böcekleri gündüz dışarı çıkar mı?

- Elbette. Biz ateş böcekleri gündüzleri de dışarıdayız. Ama gündüzleri ışıklarımız güneşten görünmez olur. Dikkatli bakarsan beni görebilirsin.

Yavru sincap ve Şubi sabah buluşmak için vedalaşmışlar.

Ertesi gün aynı yerde buluşmuşlar. Gerçekten de Şubi gökyüzünde pır pır uçup duruyormuş. Işıkları ise gün ışıklarından görünmüyormuş. Ama hâlinden yine de memnunmuş. Şubi ile sincap o gün doyasıya oynamışlar. Fakat yavru sincap karanlığa kalmamış. Vaktinde doğruca evine gitmiş.

Şubi ise gece boyunca bir gece lambası gibi ormanda dolaşıp durmuş. Yolunu kaybedenler için...

ÜÇ KARDEŞ

Vaktiyle bir tüccarın üç oğlu varmış. Bu üç oğlanın üçü de birbirinden haylazmış. Hiçbir işin ucundan tutmaz, çalışmayı sevmezlermiş. Tüccar üç oğluna da bir meslek öğretmek için elinden geleni yapmış ama sözünü dinletememiş. Oğulları ikide bir:

- Neden çalışalım ki, diyorlarmış. Zaten zenginiz. Sen ölünce arta kalan malınla yine geçinir gideriz.

Tüccar bir gün oğullarını başına toplamış:

- Madem ben öldükten sonra benim malımla geçinmek istiyorsunuz. Size bir teklifim var, demiş.

Çocuklar merakla:

- Babacığım, teklifinizi merak ettik, demişler.

- İçinizden her kim iyi bir meslek edinirse, ona mirasımın hepsini bağışlayacağım, demiş tüccar.

Çocuklar bu habere hem sevinmiş hem üzülmüşler. Sevinmişler çünkü her biri mirasa başlı başına sahip olmak istiyormuş. Üzülmüşler çünkü meslek öğrenmek hepsine de güç geliyormuş. Ama babaları da kararında ısrarlıymış.

Çocuklar hemen meslek öğrenmek için iş aramaya başlamışlar. Biri bir berberin yanında, diğeri bir nalbantın yanında, diğeri ise bir demircinin yanında iş bulmuş. Üçü de canla başla çalışarak mesleklerini ellerine almışlar. Berber, nalbant ve demirci ustası olarak babalarının yanına dönmüşler.

Tüccar oğullarının iş güç sahibi olduğunu görünce çok sevinmiş.

- Oğullarım, sizi kutlarım. İnsanın hayatta kendi emeğiyle geçinmesi kadar güzel bir şey yoktur. Artık üçünüzün de yaşamını kazanacağı bir mesleği var. Ben bu güne kadar çalışıp kazandım. Hepinizi büyüttüm. Siz de bundan sonra, çalışıp kazanın, yuva kurun ve çocuklarınızı büyütün, demiş. İşte size bırakacağım miras budur.

Çocuklar babalarına hak vermiş. O günden sonra miras beklemeyi bırakıp işe güce sarılmışlar. Her biri mesleğinde başarılı olmuş. Evlenip yuva kurmuş ve çocuklarıyla mutlu birer ömür sürmüşler.

GÖKKUŞAĞININ MUTLULUĞU

Vaktiyle yeryüzündeki renkler kendi aralarında tartışmaya başlamışlar. Yeşil, yemyeşil yeryüzünü göstererek:

- Şu kırların, ormanların güzelliğine bakın, demiş. Hepsinin rengi için ben seçildim. Ben hayatın kendisiyim. Renklerin en güzeliyim.

Bunu duyan mavi karşı çıkmış:

- Ben de şu kocaman gökyüzünün, denizlerin rengiyim, demiş. Herkes maviye bayılır. Bensiz dünyanın rengi soluk ve neşesiz kalır.

Bunu duyan kırmızı hemen atılmış:

- Renksiz mi kalır? Asıl dünyaya renk katan benim. Kırmızı aşkın, sevginin rengidir. Ben olmasam dünya çok solgun ve hasta görünürdü.

Bunları duyan beyaz da söze karışmadan duramamış.

- Daha neler duyacağım. Asıl saflığın ve temizliğin rengi benim. Beyazın olmadığı hiçbir yer düşünülemez.

Renkler böyle tartışadursun, o sırada bardaktan boşalırcasına bir yağmur başlamış. Her rengin üzeri yağmur damlalarıyla kaplanmış. Renkler üşüyerek birbirlerine sokulmuşlar. O sırada renklerin yakınlaşmasından upuzun ve incecik yay gibi bir köprü oluşmuş gökyüzünde. Bu gökkuşağıymış.

Gökkuşağı sevgiyle renklere seslenmiş:

– Benim güzel renklerim. Birbirinizle tartışmayı bırakın lütfen. Hepiniz birbirinizden güzelsiniz. Hiçbiriniz diğerinin yerini tutmaz. Hepinizin değeri ayrı.

Gökkuşağında buluşan renkler neşeyle birbirine sarılmış. O günden sonra dostluk ve kardeşlik denince gökkuşağı gelmiş akla...

TAVUS KUŞUNUN YALNIZLIĞI

Vaktiyle ormanın birinde bir tavus kuşu yaşıyormuş. Bu tavus kuşunun güzelliği dillere destanmış. Kuyruğunu kabartıp ormanda dolaşmaya başladı mı bütün hayvanlar başına toplanır:

- Şuna bakın! Ne kadar da güzel, diye bağrışırlarmış.

Tavus kuşu da gördüğü bu ilgiden çok memnunmuş. Ancak bir derdi varmış. Herkes onun güzelliğini överken o kendini göremiyormuş. Ormanda ayna yokmuş ki...

Tavus kuşu yine kuyruğunu kabartmış böyle ormanda dolaşıyormuş. O gün epey yol yürümüş, derken bir göl kıyısına gelmiş. Su içmek için göle eğilince bir de ne görsün! Kocaman gösterişli kuyruğuyla kuşun biri kendine bakmıyor mu?

- Bu da kim, demiş, tavus kuşu.

O böyle konuşunca, sudaki kuş da gagasını kıpırdatmış. Tavus kuşu kuyruğunu kapayarak yeniden suya bakmış. Aa sudaki kuş da kuyruğunu kapatmasın mı!

Derken yeniden açmış kuyruğunu... Sudaki kuş da açmış. Tavus kuşunun aklı başına gelmiş o anda.

- Sudaki kuş, benim, demiş. Benim görüntüm suya yansımış. Ayyy! Ne kadar da güzelim.

Tavus kuşu suda güzelliğini seyretmeye doyamamış. O gün gölbaşında akşamı etmiş. Evine dönerken havasından yanına varılmıyormuş.

Ben dünyanın en güzel kuşuyum, diyormuş. Benden güzeli yok.

Tavus kuşunun kendini beğenmesi diğer günlerde de artarak devam etmiş. Öyle ki ormanda kimseyi beğenmez olmuş. Artık günleri göl kenarında güzelliğini seyretmekle geçiyormuş. Böyle aradan günler, haftalar geçmiş. Tavus kuşu sonunda sudaki güzelliğini seyretmekten bıkmış. Arkadaşlarıyla geçirdiği günleri özlemeye başlamış. Ama etrafına baktığında tek bir arkadaşının bile kalmadığını görmüş.

Yalnızlık herkes için zordur. Tavus kuşları için de! O şimdi yeniden arkadaşlarını kazanmanın yollarını arıyor. Çünkü dostluk önemlidir! Güzellikten bile...

KURBİK'İN ÜZÜNTÜSÜ

Sazlıkların arasında yaşayan Kurbik adında bir kurbağa varmış. Kurbik bütün gün sudaki aksine bakıp:

- Ne kadar da çirkinim. Gözlerim pörtlek, bacaklarım çarpık, üstelik bir kuyruğum bile yok, diye üzülür dururmuş.

O yüzden herkesten uzak durur, "Benim gibi biriyle kimse arkadaş olmak istemez" diye düşünürmüş.

Kurbik o gün gölde yüzüp küçük bir adacığa gelmiş. Elini şakağına koyup düşünmeye başlamış. Bir yandan da mırıl mırıl bir şarkı söylüyormuş:

"Hu hu humbicik, Kurbağa Kurbikçik, Arkadaşın nerede? Zavallı çirkincik."

Bunu duyan gölün kenarındaki bir saz kamışı çok üzülmüş. Kurbik'e seslenerek:

- Şişşş, kurbağa kardeş! Yukarı gelsene, demiş.

Kurbik ilk defa birinin kendini çağırdığını duymuş. Hemen zıplayarak kamışın yanına gitmiş.

- Beni mi çağırdın?

- Evet, seni çağırdım, demiş kamış. Hadi atla sırtıma da oynayalım.

Kamış böyle der demez suya eğilmiş, dalını yere sermiş. Kurbik de sevinçle dalın üstüne zıplamış. Kamış, bir salıncak gibi sağa sola salınmaya başlamış. Bu Kurbik'in çok hoşuna gitmiş.

- Vırak Vırak, diye bağırmış. Sallanmak çok güzel...

Böyle uzun uzun sallanmışlar. Kamış da Kurbik de çok mutluymuş. Sonunda kamış yorulmuş. Kurbik:

- Çok teşekkür ederim kamış kardeş, beni çok eğlendirdin, demiş.

- Her zaman beklerim, demiş kamış. Seninle oynamak çok güzeldi.

O sırada bir nilüfer Kurbik'e seslenmiş:

- Birlikte gölü dolaşalım mı?

Kurbik, neşeyle nilüferin üstüne zıplamış. Sanki küçük bir sandaldaymış. Birlikte gölü dolaşmışlar.

Kurbik'in o günden sonra üzüntüsü geçmiş. Çirkinim diye boşuna üzüldüğünü anlamış. Dostlarının kıymetini bilmiş... Yeni yeni dostlar edinmek için de çaba göstermiş.

ÜÇ KEÇİ

Kayalıklarda yaşayan üç keçi varmış. Keçiler yeterince ot bulamadıkları için karşıdaki ormana gitmek istiyorlarmış. Fakat ormanla aralarında bir nehir, nehrin üzerinde bir köprü, köprünün altında ise bir dev varmış. Dev, köprüden geçen hayvanları yemek için fırsat kollarmış. Zavallı keçicikler, ya tazecik otlara kavuşmak için köprüden geçecekler ya da açlıktan öleceklermiş.

Sonunda açlık üçünün de canına tak etmiş. İçlerinde en güçlü ve kocaman boynuzlu olanı:

- Arkadaşlar, demiş. Ben hepinizden büyüğüm. Dev, iri keçilere bayılır. İçinizden beni yemek isteyeceğinden eminim. Şimdi beni iyi dinleyin!

Üç keçi kafa kafaya verip fiskos fiskos bir şeyler konuşmuşlar.

Derken en küçük keçi karşıya geçmek için cesur adımlarla köprüye yürümüş. Tam köprüden geçerken suda dev görünmüş. Küçük Keçi'ye:

– Mmm... Seni yiyeceğim, demiş.

– Aman dev kardeş, demiş keçi. Ben küçücüğüm. Senin dişinin kovuğunda bile kalmam. Arkamdan daha şişman kardeşim geliyor, onu ye!

Dev, küçük keçiyi yememiş, merakla arkadan gelecek olanı beklemeye başlamış. O sırada ortanca keçi köprüye yürümüş. Tam yarısına geldiğinde dev sudan başını çıkarmış.

– Seni yiyeceğim, demiş.

- Aman dev kardeş beni yeme. Arkamdan daha tombul bir kardeşim geliyor, onu ye, demiş ortanca keçi.

Daha tombul bir keçinin adı bile devin ağzını sulandırmaya yetmiş. Ortanca keçiye de dokunmamış. Derken en arkadan güçlü, boynuzlu keçi görünmüş.

Dev onu görür görmez ağzını kocaman açmış. Tam keçiyi yutmaya hazırlandığı sırada, keçi güçlü boynuzlarıyla deve "Toss" diye vurmuş.

Canı fena yanan dev, suyun içine gömülmüş. Artık köprüden her geçeni yemek için başını çıkarmıyor. Belki de balıklarla idare ediyordur. Kim bilir...

GÜZEL İNSAN

Vaktiyle adaletli bir padişah varmış. Bu padişah bir gün çok sevdiği halkı için büyük bir köprü yaptırmış. Köprünün açılış günü gelip çatmış. Padişah adamlarına şöyle demiş:

- Gidin halkıma söyleyin, bugün köprüden geçen en güzel insana büyük bir hediye vereceğim.

Padişahın adamları hemen halkın içine karışarak:

- Duyduk duymadık demeyin! Bugün köprümüz açılıyor! Padişahımız, köprünün üzerinden geçen en güzel insana büyük bir hediye verecek, diye duyuru yapmışlar.

Haberi alan herkes o gün en güzel giysilerini giyerek yollara dökülmüş. Köprünün üzeri süslü püslü, şık giyimli insanlarla dolup taşmış. Padişah ve veziri ise köprünün diğer ucunda bekliyormuş.

Fakat köprünün ortasına gelen herkesin birden yüzü asılıyormuş. Çünkü köprünün ortasında büyük bir çöp yığını varmış. Buradan geçen insanların üstü başı kirleniyormuş.

Derken köprüden geçmekte olan yoksul giyimli bir adamcağız bu çöp yığınından rahatsız olmuş. Eline bir kürek alıp temizlemeye başlamış. Çöpleri kaldırıp atarken de bir kese dolusu altın bulmuş. Hemen padişaha koşarak:

- Padişahım, köprüden geçerken bir çöp yığını gördüm. İnsanlar köprüden rahat geçsinler diye çöpleri kaldırayım dedim. Çöplerin dibinde bir kese altın buldum, demiş.

Padişah gülümseyerek:

- Köprüye çöpleri de altınları da koyduran benim, demiş. Demek çöpten rahatsız olarak köprüyü temizleyen de sensin. Bir insanın kendinden başkalarını düşünmesi çok güzel. Bu altınlar da senin.

Yoksul adam sevinerek altınları almış. O günden sonra da köprü hep güzel insanların geçtiği köprü olarak anılmış. Çünkü artık o ülkede herkes birbirine iyilik yapmak için yarışıyormuş.

KÜÇÜK KURBAĞA

Kurbiş adında küçük sevimli bir kurbağa varmış. Kurbiş'in en sevdiği şey hoplayıp zıplamakmış. Bazen sevdiğimiz şeyler başımıza dert açabilir. Kurbiş için de öyle olmuş. O gün neşeyle hoplayıp zıplayıp oyunlar oynarken önündeki çukuru görememiş. İçine yuvarlanıvermiş. Üstelik çukur derin mi derinmiş. Kurbiş çıkmak için zıp zıp zıplamaya başlamış ama boşuna. Bir türlü çukurdan kurtulamamış.

O sırada çukurun başında başka kurbağalar belirmiş. Onun aşağı düştüğünü görünce:

- Vah vah! Zavallıcık ne kadar da derin bir çukura yuvarlanmış. Artık oradan çıkamaz, diye konuşmaya başlamışlar.

Onları gören Kurbiş birden umutlanmış. "Arkadaşlarım beni kurtarmaya gelmiş olmalı" diye düşünmüş. Umutla onlara doğru zıplamaya başlamış. Her zıplayışında çukurun duvarlarından toprak dökülüyormuş.

Çukurun başındaki kurbağalar ise:

- Boşuna zıplayıp durma oradan kurtulamazsın, diye bağrışıp duruyorlarmış.

Onlar seslendikçe Kurbiş daha da cesaretlenmiş. Arkadaşlarının "Hadi zıpla, başaracaksın!" dediklerini sanmış. Sonunda zıplaya zıplaya dökülen topraklarla çukur dolmuş. Kurbağacık da kurtulmayı başarmış.

Onun azmine şaşıp kalan arkadaşları:

- Bunu nasıl başardın? Çukur çok derindi, demişler.

Kurbiş, sevgiyle arkadaşlarının yüzüne bakmış. Öylece susmuş. Kulakları duymuyormuş ki cevap verebilsin.

Arkadaşlarının söylediklerini duysaydı, çukurdan kurtulmayı başarabilir miydi dersin?

MERT'İN KEDİSİ

Mert'in bütün isteği bir kedisinin olmasıymış. Bir gün harçlıklarından arttırdığı parayla, evcil hayvanlar satan bir dükkâna girmiş. Satıcıya, bir kedi almak istediğini söylemiş.

Adam, dükkânındaki kedileri tek tek Mert'e göstermiş. Kedilerin hepsi de birbirinden şekermiş. Kahverengi, sarı, siyah, beyaz, kırçıllı her çeşidi varmış. Mert içlerinden birini seçmeye çalışırken, adam bu kez sepette bir yavru kedi daha getirmiş.

- Bu kedinin bir ücreti yok. İstersen onu alabilirsin, demiş.

- Peki, ama neden, demiş Mert.

- Çünkü bu kedinin ayağının biri kısa; yürürken topallıyor, demiş satıcı.

Mert'in yüzü o an üzgün bir hâl almış. Kediyi sevgiyle kucaklayarak:

- Bu kediyi almak istiyorum, demiş. Ama diğer kedilerin ücreti neyse, aynı parayı ödeyeceğim.

- Neden bakımı zor olan bu kediye para ödüyorsun ki, demiş adam.

Mert o zaman eğilerek bacağını göstermiş.

- Benim de bir ayağım diğerinden kısa ve yürürken aksıyorum, demiş. Bu benim diğer çocuklardan daha değersiz olduğum anlamına mı gelir?

Satıcı, utanarak önüne bakmış. Sonra bu akıllı çocuğun başını okşamış.

- Haklısın evladım, demiş. Sen ve bu yavru kedi en az diğerleri kadar değerlisiniz.

Mert, parasını verip kedisini alarak dükkândan çıkmış. O artık çok mutlu. Hem de kedisi olan her çocuk kadar.

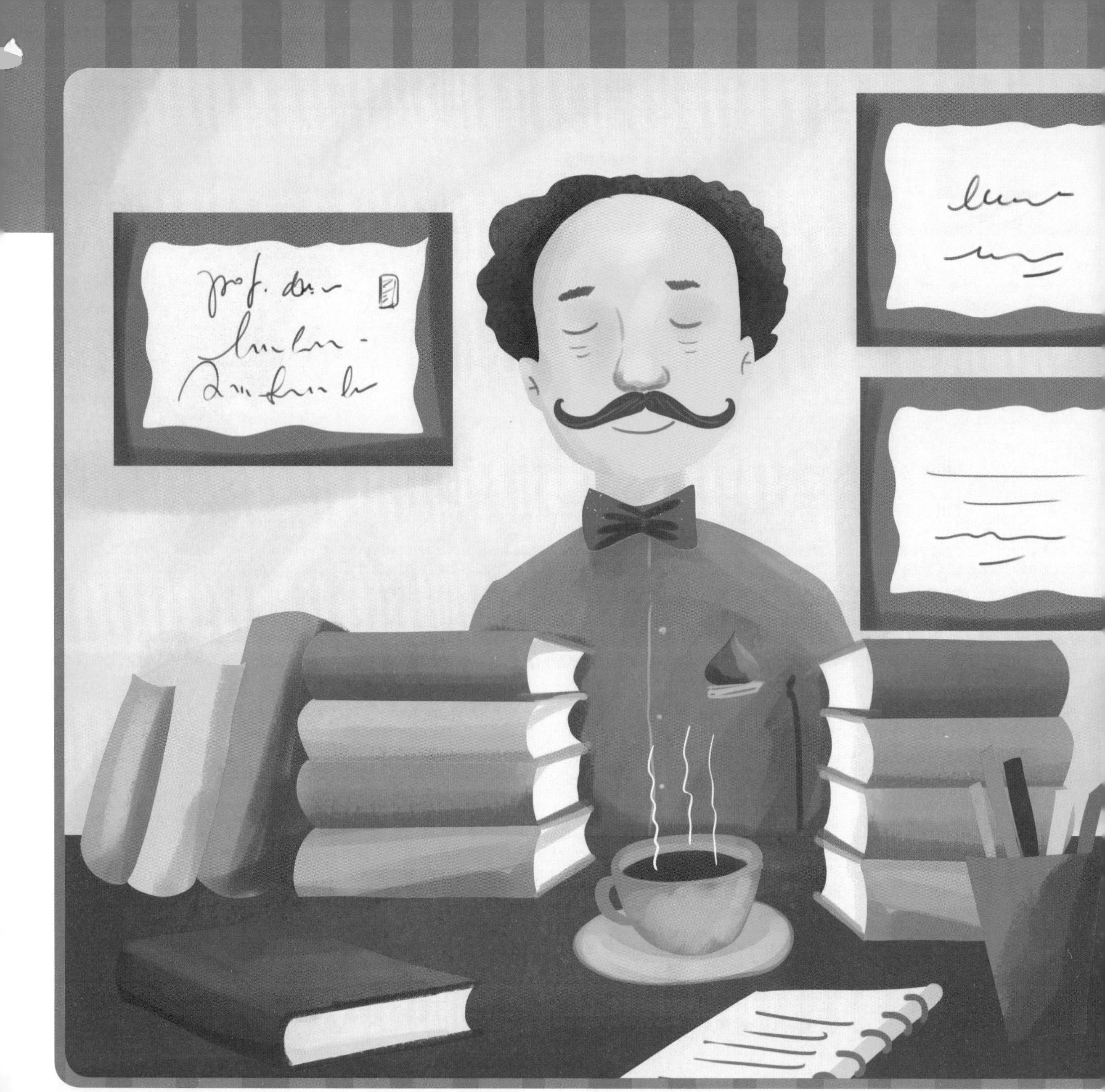

DİLBİLİMCİ İLE GEMİCİ

Bir zamanlar kendini beğenmiş bir bilgin yaşarmış. Bu bilgin usta bir dilbilimciymiş. Dil ve dilbilgisi konusunda bilmediği yokmuş. Bir gün bilgin bir gemiye binmiş, güvertede seyahat ediyormuş. O sırada geminin sahibi güverteye gelmiş. Bilgine selam vermiş. Bilgin gemicinin selamını almış. Bir süre yan yana oturmuşlar. Derken bilgin gemiciye dönerek:

- Sen hiç dilbilim okudun mu, diye sormuş.

Yaşlı gemici bu tuhaf soru karşısında şaşırmış.

- Okumadım, demiş. Dil ve dilbilgisinden hiç anlamam doğrusu.

Bilgin gemiciye küçümseyerek bakmış.

- Yazık, demiş. Bunca ömrünü boşuna geçirmişsin desene.

Yaşlı gemici, bilginin sözlerine kırılmış. Ama bir şey de söylememiş. Ne de olsa gemisine binmiş bir müşterisiymiş.

Gemi açık denizde yol almış. Derken bir zaman sonra mavi gök bulutlanmış. Hava gürül gürül gürüldemiş ve korkunç bir fırtına çıkmış. Gemi bir yaprak gibi dalgaların arasında sürüklenmeye başlamış. Yolcuları bir korku sarmış. Bilgin hemen gemicinin yanına koşarak:

- Neler oluyor, demiş. Yoksa batıyor muyuz?

- Gemi bu her an alabora olabilir, demiş gemici. Her şeye hazırlıklı olun.

- Hazırlık mı, diye bağırmış adam. Ne hazırlığı? Ben denizden çok korkarım.

- Neden, demiş gemici. Yüzme bilmiyor musunuz?

- Bilmiyorum, demiş bilgin. Ben yüzmekten hiç anlamam.

Gemici, bilginin korkudan sapsarı olan yüzüne bakmış. Yüzünü buruşturarak:

- Yazık, demiş. Yüzme bilmediğiniz için az sonra ömrünüzün tümünü yitirebilirsiniz.

Bilgin, o an anlamış bilginliğiyle övünmenin gereksizliğini... Fırtına dinse ve kurtulmuş olsa bari...

KAHRAMAN TAVŞAN

Vaktiyle ormanın birinde obur bir aslan yaşarmış. Bu aslan doymak nedir bilmez, bütün gün av peşinde koşarmış. Tilki, kurt, tavşan, ayı, sincap önüne kim çıksa acımadan avlarmış. Sonunda bu durum hayvanların canına tak etmiş. Bir araya gelerek bir karar almışlar. Sonra hep birlikte aslanın yuvasına giderek:

- Aslan kralımız, sana bir önerimiz olacak, demişler. Aslan bütün hayvanları karşısında görünce şaşırmış.

- Yaa neymiş o, diye kükremiş.

- Her gün içimizden birkaçımızı avlayıp yiyorsun. Sana yem olacağız diye korkumuzdan ormanda dolaşamaz olduk. Bundan sonra lütfen mağarandan dışarı çıkma. Biz aramızda kura çekeceğiz. Kurada kimin adı çıkarsa o gün senin mağarana gelecek. Böylece yorulmadan avını yiyeceksin. Geride kalanlar ise o gün ormanda rahatça dolaşabilecek.

Bu teklif aslanın hoşuna gitmiş.

— Tamam, kabul ediyorum, demiş. Eğer beni kandırır da avımı göndermezseniz, hepinizi bir lokmada yutarım haberiniz olsun.

Böylece hayvanlar yuvalarına dönmüş. Ama o gece korkudan hiçbiri uyuyamamış. "Yarın kurada ben çıkarsam ne yaparım?" diye düşünüp durmuşlar.

Derken sabah olmuş. Bütün hayvanlar kura çekmek için bir araya toplanmışlar. Hepsi korkudan tir tir titriyormuş. Tam kuranın çekileceği sırada tavşan öne çıkmış.

- Kura çekmeye gerek yok; ben giderim, demiş. Herkes tavşanın cesaretine şaşmış. Gözyaşları içinde bu cesur arkadaşlarını uğurlamışlar. Tavşan, aslanın mağarasına doğru yürümüş. Yolda da epey oyalanmış.

Nihayet mağaranın kapısı görünmüş. Aslan kapının önüne oturmuş sabırsızlıkla avını bekliyormuş. Tavşanı görünce:

- Sen, diye bağırmış. Neden geç kaldın?

- Eee şeyy, sevgili kralırnız, demiş tavşan, korkulu görünerek. Aslında daha erken gelecektim ama yolda başıma neler geldi bir bilseniz!

- Ne geldi çabuk anlat demiş, aslan. Açlıktan ölmek üzereyim.

- Az önce yanımda bir arkadaşım daha vardı. İkimizi yersen ancak doyarsın diye birlikte geliyorduk. Hem o benden daha tombul ve iriydi. Ama yarı yolda karşımıza bir aslan çıktı. Arkadaşımı kaptığı gibi gözden kayboldu. Ben de tek başıma gelebildim.

Aslan tavşanın sözlerini dinleyince öfkeden çılgına dönmüş.

- Neee, diye ayağa fırlamış. Kimse benim avıma göz dikemez. Çabuk düş önüme ve bana o aslanı göster.

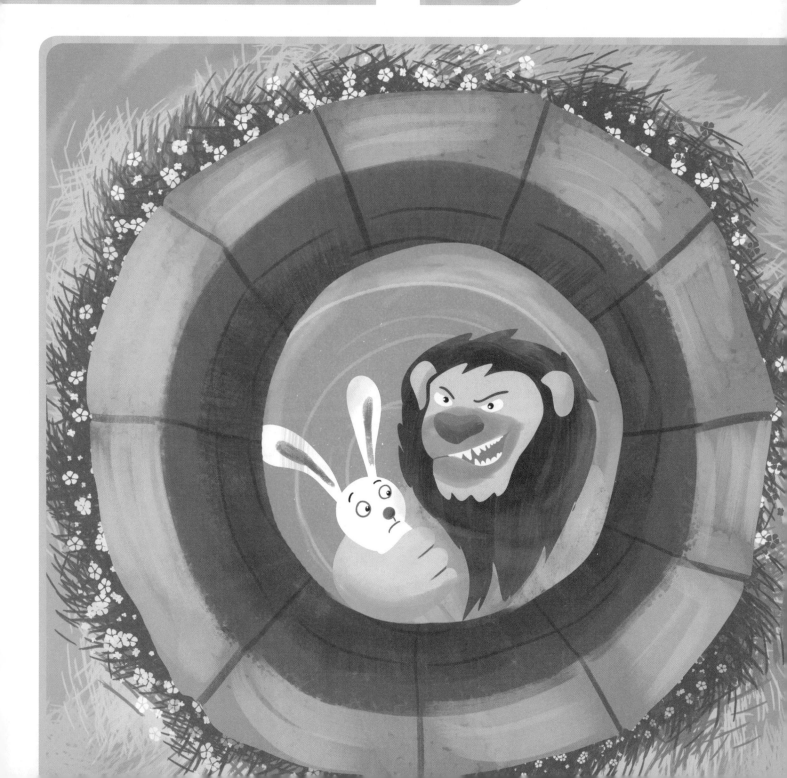

Tavşan önde aslan arkada yürümeye başlamışlar. Derken karşıda bir kuyu görünmüş.

Tavşan hemen aslanın arkasına saklanarak:

- İşte aslan orada yaşıyor kralım, demiş. Lütfen beni kucağınıza alın da oradan fırlayıp beni de yutmasın.

Aslan tavşanı kucağına alarak, kuyunun başına gitmiş. Eğilip aşağı bakınca bir de ne görsün! Suyun içindeki aslan kucağında bir tavşanla onlara bakıp durmuyor mu! Aslan sudaki aksini gerçek sanmış. O öfkeyle tavşanı bir kenara fırlattığı gibi kuyuya atlamış. Bir daha da oradan çıkmamış.

Tavşan ise aklı sayesinde hem kendinin hem de arkadaşlarının hayatını kurtarmış. O artık bir kahraman.

KRAL İLE KARTAL

Zamanın birinde avlanmayı çok seven bir kral yaşarmış. Bu kralın çok değer verdiği bir de kartalı varmış. Kral ormana giderken kartalını omzuna bindirir, birlikte avlanırlarmış.

Kral o gün yine adamlarını ve kartalı alarak saraydan çıkmış. Ormanın derinliklerinde hep birlikte yol alıyorlarmış. O sırada kral çok susamış. Önlerine çıkan bir pınardan su içmek istemiş. Fakat o sırada omzundaki kartal, telaşla kralın kafasını gagalamaya başlamış. Sanki bir şey anlatmak istiyormuş. Ama kral o kadar susamış ki kartalı hızla omzundan itmiş. Tam pınara eğilip su içeceği sırada, kralın askerlerinden biri karşıdan koşup gelmiş.

- Kralım bu pınardan sakın su içmeyin. Çünkü suyuna zehir karışmış.

– Köylüler öyle söylüyor, demiş.

Kral son anda zehirli suyu içmekten kurtulmuş. Kartalı omzundan ittiği için de pişman olmuş.

– Benim sevgili dostum, demek beni uyarmak istedin. Başımı acıttığın için sana kızmıştım ama meğer benim iyiliğim içinmiş, demiş.

O günden sonra kral, dostlarının uyarılarını hep dikkate almış. Sözleri ve davranışları canını acıtsa bile...

ÇOBAN VE YABAN KEÇİLERİ

Vaktiyle çobanın biri keçilerini yaylaya çıkarmış otlatıyormuş. O sırada sürünün arasına üç yaban keçisi karışmış. Bunu gören çoban:

- Oh oh, keçilerimin sayısı artıyor. Bu üç yaban keçisini artık elimden kaçırmamalıyım, demiş.

O gün akşama kadar keçileri gözünden ayırmamış. Onlara eliyle ot yedirmiş. Okşayıp sevmiş. Akşam olunca da önüne katıp köye götürmüş. Keçilerini ağıla kapatıp evine dönmüş.

Ertesi gün büyük bir fırtına çıkmış. Çoban sürüsünü yaylaya çıkaramamış. Fakat ağılda da yeterince ot yokmuş. Aç kalırlarsa kaçmasınlar diyerek ağıldaki otların çoğunu yaban keçilerinin önüne koymuş. Diğer keçilere ise ölmeyecekleri kadar ot vermiş. Yaban keçileri otlarını afiyetle yerken diğerleri akşama kadar açlıktan melemişler.

Ertesi sabah fırtına dinmiş. Çoban sürüsünü önüne katıp yaylaya çıkmış. Fakat daha yaylaya gelir gelmez yaban keçileri gözden kaybolmuş. Çoban bir de bakmış ki keçiler arkalarına bile bakmadan kaçıyor:

- Sizi gidi nankörler, diye bağırmış. Size o kadar ot verip karnınızı doyurmadım mı? Nereye gidiyorsunuz?

Keçilerin içinden biri:

– Nasıl kaçmayalım, demiş. Bizi görünce öteki keçileri unuttun. Otların çoğunu bize yedirip onları aç bıraktın. Yarın sürüye başka keçiler gelirse o zaman da bizi unutursun. Biz böyle bir sahip istemeyiz.

Çoban yaptığı hatanın farkına varmış. Kaçan keçileri yakalamaktan vazgeçmiş. O günden sonra da sürüsündeki hiçbir hayvanı diğerinden ayırmamış.

KOÇ MU KÖPEK Mİ?

Vaktiyle küçük bir kasabada Ali Dayı adında ihtiyar bir adamcağız yaşarmış. Ali Dayı bir gün çarşıda gösterişli bir koç görmüş. Satıcıya parasını ödeyip koçu satın almış. Sonra boynuna bir yular takıp evine doğru yola koyulmuş.

O sırada beş azılı hırsız çarşıda kol geziyormuş. Ali Dayı'yı koçuyla birlikte görünce hemen peşine takılmışlar. Niyetleri koçu Ali Dayı'nın elinden zahmetsizce alıp kaçmakmış. O yüzden kendi aralarında bir plan yapmışlar. Birinci hırsız, Ali Dayı'nın yanına sokularak:

– Amca ne kadar da güzel bir köpeğin var, demiş. Ali Dayı, öfkeyle:

– Dalga mı geçiyorsun be adam! Bu köpek değil, koç diye çıkışmış.

Fakat çok geçmeden devreye hemen ikinci hırsız girmiş.

- Aman ne şeker köpek. Bunu da nereden buldun bey amca, diye sormuş.

- Siz benimle dalga mı geçiyorsunuz? Bu bal gibi de koç, demiş Ali Dayı.

Söze üçüncü hırsız dalmış:

- Ay, hiç bu kadar gösterişli bir köpek görmemiştim. Biraz sevebilir miyim?

Ali Dayı, şaşkın şaşkın gözlerini ovuşturarak:

- Ben mi yanlış görüyorum yahu, diye söylenmiş.

O sırada dördüncü hırsız da karşısına dikilmiş.

- Gel kuçu kuçu, diye köpeği sevmeye kalkmasın mı! Ali Dayı'nın sinirleri tepesine çıkmış.

Beşinci hırsızın bir şey söylemesine kalmadan, koçun yularını eline tutuşturarak:

- Alın sizin olsun, demiş. Bu köpeği gözüm görmesin!

Böylece hırsızlar koçu kaptıkları gibi kayıplara karışmışlar. Ali Dayı da hışımla çarşının yolunu tutmuş. Satıcı adamı bularak:

- Bana koç yerine köpek satmaya utanmıyor musun, be adam, diye çıkışmış.

Satıcı, Ali Dayı'nın kandırıldığını anlamış. Çünkü bu hırsızların ilk oyunu değilmiş. Ona olup biteni anlatmış.

Ali Dayıcık, şimdi her yerde harıl harıl hırsızları arıyor.

İnşallah bulabilir.

KIRMIZI PAPAĞAN

Bir zamanlar yalnızca zengin olmayı düşünen bir adam varmış. Zengin olabilmek için her yola başvurmuş. Ama bir türlü fakirlikten kurtulamamış.

Bu hileci adam, bir gün ormanda dolaşırken yeşil tüylü, ufak tefek gösterişsiz bir papağan bulmuş. Adam papağanı evirmiş çevirmiş, "Bunu allayıp pullasam iyi para kazanırım" diye düşünmüş.

Sonra evine getirip papağanın tüylerini kırmızıya boyamış. Boynuna bir kolye asmış. Kanatlarına da inciler boncuklar takmış. Doğruca sarayın yolunu tutarak padişahın huzuruna çıkmış.

- Padişahım, bu papağanı sizin için Hindistan'dan getirttim. Dünyada daha bir benzeri yok, demiş.

Padişah, papağanının kıpkırmızı rengine bayılmış. İncilerle süslü kanatlarına hayran kalmış. Hileci adama bir kese altın vererek papağanı satın almış.

O sırada olup biteni izleyen padişahın akıllı veziri:

- Padişahım, bu papağan çok uzun yoldan gelmiş. Tüyleri kirlenmiş olmalı.

- Sahibi gitmeden yıkayalım da pırıl pırıl parlasın, demiş.

Hileci adam, hilesinin ortaya çıkacağını anlamış. Korkudan kalbi küt küt atmaya başlamış. Ama bir şey de diyememiş.

Padişahın adamları papağanı bir güzel yıkamışlar. Tabii tüylerindeki kırmızı boya suda akıvermiş. Bunu gören padişah öfkesinden küplere binmiş.

Hileci adamı hapse attırmış. Hileci adam orada ne kadar kaldı bilmiyorum ama hapisten çıktıktan sonra bir daha kimseyi aldatmamış.

Dürüst olmak güzeldir. En büyük zenginlikten bile...

KÖMÜR İLE PAMUK

Vaktiyle bir evin Kömür ile Pamuk adında iki kedisi varmış. Kömür'ün rengi kara, Pamuk'unki beyazmış. İkisi de birbirinden şirinmiş. Ancak Pamuk, Kömür'ü beğenmez, ona:

- Kara kedi kara kedi. Seni böyle kim boyadı, der dururmuş.

Kömür de:

- Ben siyah tüylerimi seviyorum. Senin kadar ben de güzelim dermiş ama Pamuk onu dinlemezmiş bile.

O gün yine Pamuk erkenden uyanmış.

"Beyazım beyaz,

Hem de kar beyaz,

Hiçbir siyah kedi

Yanıma yaklaşamaz,"

diye bir şarkı tutturmuş. Bunu duyan Kömür'cük üzüntüyle başını önüne eğmiş.

Pamuk'a görünmeden bahçeye çıkmış. Çiçeklerdeki kelebeklerle oynamaya başlamış.

Pamuk'un da bir başına şarkı söylemekten canı sıkılmış. Dolaşmak için dışarı çıkmış. Gezerken bir evin bahçesinde küçük bir kulübe görmüş. İçeride ne olduğunu merak etmiş. Kulübenin kapısına tırmanıp, boşluktan içeri bakayım derken, 'Hooop' diye aşağı düşmesin mi!

Meğer burası bir kömürlükmüş. Pamuk'un bütün tüyleri bir anda kömür tozuna bulanarak kapkara olmuş. Güçlükle kömürlükten çıktığında tanınmayacak haldeymiş. Onu gören sokak kedileri:

- Şuna bakın! Kapkara! İs mi, pis mi! Bu da kim, diye bağırmışlar.

Pamuk zaten kirlendiği için çok üzgünmüş. Diğer kedilerin sözleriyle üzüntüsü daha da artmış. O an Kömür'e söylediği sözleri hatırlamış.

- Meğer arkadaşımı ne kadar da kırıyormuşum, demiş. Pamuk eve gidip yıkanıp temizlenmiş. Sonra Kömür'ün yanına giderek:

- Bugün tüylerin ne kadar da güzel arkadaşım, demiş. Pırıl pırıl parlıyorsun. Birlikte oynayalım mı?

Kömür, kulaklarına inanamamış. Neşeyle oyuna dalmışlar. O günden sonra da birbirlerini hiç kırmamışlar.

GUGUK GUGUK

Durmadan konuşan bir papağan varmış. Birini görmesin hemen söze dalarmış. Neler mi konuşurmuş? Havadan, sudan, ağaçlardan, kuşlardan... Ona yeter ki gevezelik olsunmuş.

Bir gün bu geveze papağan bir ağacın dalına konmuş. Birileri geçse de laf atsam diye bakınıyormuş. O sırada karşı ağaçtan guguk kuşunun sesi duyulmuş:

- Gu guk gu guk gu guk!

Papağan, hemen kanatlanıp havalanmış. Guguk kuşunun yanına giderek:

- Guguk kuşu ne kadar güzel sesin var. Bana da böyle ötmeyi öğretir misin, demiş.

- Tabii öğre...

Guguk kuşu sözünü bitirmeden papağan yine lafa dalarak:

- Senin gibi ötmeyi çok istiyorum lütfeeen, demiş.

- Evet, öğreti...

Papağan:

- Hadi ama niye duruyoruz ki? Başlasana, artık diye söze girmiş yeniden.

Guguk tam ötmek için ağzını açmış ki, papağan bu kez de:

- Ne kadar da nazlısın. Bir türlü bana ötmeyi öğretemedin, diye şikayete başlamış.

Sonunda guguk ötmeye fırsat bulabilmiş.

- Gu guk!..

Papağan dayanamamış:

- Gu guk gu guk gu guk gu guk gu guk gu guk!

Guguk yeniden ötmeyi denemiş.

- Guuu...

Papağan:

- Gu guk gu guk gu guk gu guk gu guk...

Gu guk kuşu bakmış ki daha gu demeden, papağan sesiyle onu bastırıyor. Sonunda dayanamamış.

- Kusura bakma ama papağan kardeş ben sana guguklamayı öğretememem, demiş.

- Aaa niye ki, diye sormuş papağan. N'oldu, neden, niçin ama?

- Çünkü dinlemeyi bilmiyorsun, demiş guguk kuşu. Bir şeyi öğrenmek için önce dinlemeyi bilmek gerek.

HUYSUZ ADAMIN DİKENLERİ

Bir zamanlar uzaklarda şirin bir köy varmış. Bu köyde huysuz bir adam yaşarmış. O kadar huysuzmuş ki, ne etrafındaki güzelliklerin farkına varırmış ne de bir dostu varmış. Gün boyu evine kapanıp durur, kimselerle görüşmezmiş.

Bu huysuz adam bir gün evinin önünden geçenlerden de rahatsız olmuş. "Ben kimsenin evininin önünden geçmiyorum. Onlar da benim evimin önünden geçmesin" diyerek yola diken ekmiş. Aradan günler, haftalar geçmiş. Dikenler büyüyüp boy atmış. Yolu neredeyse kapatmış. Yoldan geçmek isteyen köylüler huysuz adama:

– Bu dikenleri buradan sök. Yoldan geçemez olduk, demişler.

Huysuz adam hiç oralı olmamış.

– Burası benim evimin önü. Gül de dikerim diken de...

– Kimse karışamaz, demiş.

Köylüler, huysuz adama söz geçiremeyince, gidip onu muhtara şikâyet etmişler.

Muhtar da huysuz adamı uyararak, yolun herkese ait olduğunu ve dikenleri sökmesi gerektiğini söylemiş. Huysuz adam:

- Olur, bir gün sökerim, diyerek muhtarı geçiştirmiş.

Aradan günler geçmiş. Huysuz adam dikenleri sökmemiş. Muhtar tekrar huysuz adama giderek dikenleri sökmesi gerektiğini hatırlatmış. Huysuz adam:

- Olur olur, bir gün sökerim diyerek yine geçiştirmiş muhtarı.

Aradan böyle aylar geçmiş. Dikenler büyümüş her yere kök budak sarmış. Öyle ki huysuz adamın bahçesine kadar yayılmış; pencerelerini bile kaplamış. Huysuz adam dikenlerden dışarıyı göremez olmuş. Üstelik ne zaman dışarı çıksa ayağına diken batıyormuş.

Huysuz adam sonunda yaptığından pişman olmuş. Eline bir kazma alıp dikenleri sökmeye başlamış. Ama dikenlerin kökleri öyle güçlenmiş ki sökmek hiç kolay değilmiş.

O sırada köyün muhtarı oradan geçiyormuş. Huysuz adamı kan ter içinde çalışırken görünce:

- Bak görüyor musun? Bu dikenleri buraya ekmekle hata ettin. Üstelik her geçen gün zararına oldu. Bunları vaktinde sökseydin, bu kadar yorulmayacaktın, demiş.

Huysuz adamın dikenleri başına dert olmuş. Sökmek için çok uğraşmış çoook...

ÖPÜCÜK KUTUSU

Aslı adında küçük bir kız varmış. Aslı, annesini ve babasını çok severmiş. Ama ne yazık ki babasını istediği kadar göremezmiş. Çünkü babası işleri yüzünden akşamları eve geç gelirmiş. O geldiğinde ise Aslı çoktan uyumuş olurmuş.

Aslı bir gün babasına güzel bir hediye vermek istemiş. Annesiyle birlikte çarşıya gittiklerinde küçük kapaklı bir kutu almış. Bu kutuyu renkli kâğıtlarla süslemiş püslemiş. Sonra baş ucuna koymuş.

Aradan günler geçmiş. Aslı bir gece yine yatağına yatmış. Ama uyumamak için dönüp durmuş. Derken bir süre sonra işten dönen babası Aslı'nın odasına gelmiş. Aslı hemen gözlerini sımsıkı kapatmış. Babası ise eğilerek yanağına bir öpücük kondurmuş.

İşte tam o sırada Aslı gözlerini açarak, babasının boynuna sarılmış.

- Hoşgeldin babacığım, demiş.

- Sevgili kızım sen daha uyumadın mı, demiş babası şaşkın şaşkın.

- Bu gece seni bekledim, babacığım, demiş Aslı.

Sen beni her gece uykuda öpüyorsun biliyorum. Ama ben seni öpemiyorum. O yüzden öpücüklerimi bu kutuya doldurdum. İstediğin zaman alıp yanağına kondurabilirsin.

Babası, kutuyu almış. Sevgiyle Aslı'ya sarılarak:

- Benim güzel kızım, demiş. Ne kadar da düşüncelisin. Teşekkür ederim.

O geceden sonra Aslı'nın babasının eve pek geç kalmadığını duydum. Aslı'nın öpücükleri artık kutuda değil. Babasının yanağında.

PARKTAKİ KARGA

Ormanda yaşayan karga Guk hayatından pek memnun değilmiş. Her gün aynı arkadaşlarını görmekten, aynı ağaçlara konmaktan sıkılmış. Kimseleri beğenmez olmuş. Bir gün ormandan çıkarak uçmuş uçmuş şehirdeki bir parka gelmiş. Ağaçların altında yemlenen güvercinleri görünce:

- Vaay! Ne güzel bir yer burası. Her taraf yem dolu, demiş.

Sonra güvercinlerin arasına karışarak yemlerden yemeye başlamış. Mmm, yemlerin tadı nefismiş doğrusu. Güvercinler de aralarına yeni katılan kargayı yadırgamamış. Onun değişik bir güvercin türü olduğunu düşünmüşler. O günden sonra Guk parkta yaşamaya başlamış. Artık gündüzleri zahmetsizce karnını doyuruyor, gece olunca da ağaçlarda konaklıyormuş. Bunları yaparken de gıkını bile çıkarmıyormuş. Eğer gaklarsam sesimi kimse beğenmez. Beni burada istemezler, diye korkuyormuş.

Derken bir gün Guk ağacın dalında uyuyup kalmış.
Erkenden kalkan güvercinler ise yemlerin hepsini bitirmişler.
Guk uyanınca buna çok sinirlenmiş.

- Gaaak, şu yaptığınıza bak! Utanmıyor musunuz, benim hakkımı yemeye, diye bağırmış.

Onun çirkin sesinden ürken güvercinler bir anda havalanarak:

- Bu bir güvercin değil. Sesi hiç bize benzemiyor, diye bağırışmışlar.

Karga ise gak gak bağırmayı sürdürerek:

- Sizi gidi yaramazlar! Şimdi yanınıza gelirsem tüylerinizi tek tek yolarım, demiş.

Güvercinler korkuyla havalanmışlar. O günden sonra da Guk'un yanına yaklaşmamışlar.

Guk, bakmış kimse onu istemiyor, çaresiz ormana geri dönmüş. Kargaların arasına karışarak:

- Hu hu! Ben geldim dostlarım, demiş.

Ama kargaların hiçbiri Guk'u tanıyamamış.

- Bu da kim, demişler, şaşkın şaşkın.

- Benim ben, demiş Guk. En iyi arkadaşınızı ne çabuk unuttunuz.

Fakat arkadaşları onu görmekten memnun olmamışlar nedense. Hepsi havalanarak uçup gitmiş. Guk hâlâ arkadaşlarının peşinde dolaşıp duruyor.

Yeniden dost olmayı başarmış mıdır acaba?

AVCININ İYİLİĞİ!

Vaktiyle bir avcının güzel ve akıllı bir kartalı varmış. Avcı ava çıkarken kartalını yanına alır, avlanmayı çok iyi bilen kartal da ona birbirinden leziz avlar bulur getirirmiş. Bir gün yine birlikte ava gitmişler.

Kartal o gün avlanırken nasıl olmuşsa kanadını bir ağacın dalına sıkıştırmış. Sağa çekmiş, sola çekmiş kurtaramamış. Ağacın üzerinde akşamı etmiş. Avcı ise merak içindeymiş. Kartalı aramaya çıkmış. Onu ağacın üstünde sıkışmış görünce, çıkıp kanadını kurtarmış. Böylece o gün avlanamadan eve dönmüşler.

Avcı avdan boş dönmeye alışkın değilmiş. Hem üzgün hem de öfkeliymiş. Kartalın büyük ve gösterişli kanatlarına bakarak:

- Dostum galiba senin kanatların fazla büyük.

- Bunları biraz küçültelim de avlanırken oraya buraya çarpmasınlar, demiş.

Sonra da eline makası alıp kırt kırt diye kartalın kanatlarını kesivermiş.

Hızını alamayınca kartalın kuyruğunun ve gagasının yarısını da kesmiş. Böylece kartalın daha rahat avlanacağını düşünüyormuş. Kartalın ise eski gösterişli hâlinden eser kalmamış. Küçücük, tüyleri yolunmuş zavallı bir kuşa dönmüş.

Ertesi sabah avcı, kartalı yanına alarak aniden ava çıkmış. Ormana geldiklerinde avlanması için serbest bırakmış. Fakat o da ne! Kartal üç beş metre uçamadan 'Küüüt!' diye yere çakılmasın mı! Bunu gören avcı şaşkınlıkla:

– Ne oldu? Neden uçamıyorsun, diyerek kartalın başına koşmuş.

Kartal, üzüntüyle ağlayarak:

– Kanatlarım olmadan nasıl uçayım, gagam olmadan nasıl avları tutayım, kuyruğum olmadan nasıl dengede durayım ki ben, demiş.

Avcı, kartala iyilik yapmaya çalışırken ne kadar zarar verdiğini anlamış. Şimdi günlerini iyileşmesi için uğraşarak geçiriyor.

Kartal iyileşse bari...

KÖYLÜ İLE KAPLAN

Ormandan evine dönmekte olan bir köylü, yolda kapana yakalanmış bir kaplan görmüş. Kaplan, köylüye:

- Ne olur beni buradan kurtar, demiş. Köylü:

- Hayır kurtaramam. Kurtarırsam beni yemenden korkarım, demiş.

Kaplan yalvarmasını arttırarak:

- Hayatımı kurtaran birini nasıl yerim, demiş.

Hiç olacak şey mi?

Köylü adam, kaplanın yalvarmasına dayanamamış. Kapanın kapağını açmış. Kaplanın ise dışarı çıkar çıkmaz ilk işi adamı yakalamak olmuş. Köylü can havliyle:

- Dur, diye bağırmış. Sana yardım ettiğimi unuttun mu?

- Yoo, unutmadım, demiş kaplan. Ama ben bir kaplanım ve kaplanlar yakaladığını yer. Benden değişmemi bekleme.

Köylü adam kaplanı kurtardığına bin pişman:

- Bu yaptığın haksızlık, demiş. İstersen karşımıza çıkan üç kişiye soralım. Bakalım hangimiz haklı.

Kaplan, adamın önerisini kabul etmiş. İlk olarak önlerine çıkan ağaca olup biteni anlatıp sormuşlar:

- Söyle bakalım hangimiz haklı? Ağaç, burun kıvırarak:

- Ben de insanlara hizmet ediyorum ama onlar beni kesiyorlar, demiş. İyiliğin bir önemi yok bu dünyada.

Karşılarına bir inek çıkmış. Ona sormuşlar. İnek de:

- Ben de insanlara süt veriyorum ama yaşlanınca beni değirmene götürüp bağlıyorlar, demiş.

Üçüncü olarak karşılarına bir çakal çıkmış. Çakala da kimin haklı olduğunu sormuşlar. Fakat çakal anlatılanı bir türlü anlamamış.

- Nasıl oldu, bir daha anlatın, nasıl oldu, bir daha anlatın, diye sorup durmuş.

Sonunda kaplan, çakala sinirlenerek:

- Nasıl olacak, işte ben böyle kapanın içindeydim. Bu köylü de yoldan geçiyordu, diyerek kapanın içine girmiş.

Onun içeri girdiğini gören çakal da hemen kapanın kapısını kapatıvermiş. Sonra da kaplanın şaşkın yüzüne bakarak:

- İşte şimdi hak yerini buldu, demiş.

Köylü, çakalın aklı sayesinde kaplandan kurtulmuş.

İkisi de sevinçle oradan uzaklaşmışlar. Hâlâ kaplanın sesi duyuluyor:

- İmdaaat! Kimse yok mu? Beni kurtaranı kesinlikle yemeyeceğim. Bu sefer çok ciddiyim.

İKİYÜZLÜ SEYİS

Vaktiyle ülkesini dürüstlükle yöneten bir padişah yaşarmış. Fakat bu padişahın başı veziriyle dertteymiş. Çünkü veziri ona isyan edip saraydan ayrılmış. Etrafına bir sürü de asker toplamış. Sarayı basmak ve padişahı tahtından indirmek istiyormuş. Padişah ise bu duruma çok üzülüyormuş. Bir gün seyisini yanına çağırarak şöyle demiş:

- Vezirin sarayı basacağı haberini aldım. Şimdi doğruca vezirin ve askerlerinin yanına git. Onlardan biri gibi görünerek ne zaman baskın yapacaklarını öğrenmeye çalış. Seyis:

- Tamam, padişahım, diyerek hemen yola çıkmış.

Vezirin ve askerlerinin yanına gider gitmez de:

- Beni padişah gönderdi. Sizin sarayı basacağınızı haber almış. Aranızdan bilgi sızdırmak istiyor. Sakın sırrınızı kimseye vermeyin. Bunları benden duyduğunuzu da padişaha söylemeyin, demiş.

Böylece aradan günler geçmiş. Vezirin askerleri, padişahın hiç ummadığı bir sırada saraya baskın yapıp padişahı tahttan indirmişler.

Onun yerine vezir, padişah olmuş.

Tahtından indirilen padişah ise üzüntüsünden birkaç gün sonra ölmüş.

Vezir tahta geçer geçmez ilk iş olarak seyisi huzuruna çağırtmış ve askerlerine:

– Bu adamı derhal alın ve hapse atın, diye emretmiş. Seyis, şaşkınlık içinde:

– Ama efendim, ben size iyilik ettiğimi düşünürken siz beni hapse attırıyorsunuz. Bu nasıl adalet, diye bağırmış.

Vezir yeni tahtına kurularak:

– Sen, padişahın sana verdiği görevi dürüstçe yerine getirmedin. Onun sırrını getirip bize verdin. İleride de bizim sırrımızı başkalarına verirsin. O yüzden senin yerin hapishanedir, demiş.

İki yüzlülük kimseye fayda sağlamaz. Seyisin aklı başına gelmiş olmalı. Ama hapisten ne zaman çıkar bilinmez ...

YEDİ BAŞLI EJDERHA

Bir zamanlar ormanda Taku Tiki adında bir tilki varmış. Taku Tiki av peşinde koşmayı sevmez, avlarını zahmetsizce yakalarmış. Nasıl mı? Bu Taku Tiki'ye göre çok kolaymış. Önce uzaktan gelen bir koyun sürüsünü gözüne kestirir, sonra onların geçeceği yere hemen bir çukur kazıp içine saklanırmış. Sonra da oradan geçen koyunları tek tek avlarmış.

Yine böyle bir gün Taku Tiki, koyun avlamak için çukur kazmaya başlamış. Biraz derine inince, eli bir boşluğa denk gelmiş. Ve birden bire çukurun altında büyük bir oyuk açılmış. Taku Tiki de bu boşluktan aşağı yuvarlanıvermiş. Fakat o da ne! Düştüğü mağaranın ortasında yedi başlı bir ejderha oturmuyor mu!

Taku Tiki'nin ödü kopmuş. Korkudan tir tir titremeye başlamış.

– Lütfen beni yemeyin ejderha kardeş, demiş.

Niyetim sizi rahatsız etmek değildi. Yanlışlıkla buraya düştüm de...

Yedi başlı ejderha bir kahkaha atmış.

- Korkma seni yemem, demiş. Yerimden kıpırdayamıyorum ki.

- Aaa neden, demiş Taku Tiki. Yoksa ayaklarınıza bir şey mi oldu?

- Hayır. Ayaklarım sapasağlam. Ama oturduğum yere hazinemi sakladım. Yerimden kalkarsam çalınmasından korkuyorum.

- Evet, ama hep burada beklemekten sıkılmıyor musunuz? Dışarıda pırıl pırıl bir güneş var. Çıkıp biraz dolaşsanıza.

- Yaa, dışarı çıkayım da hazinemi çalsınlar değil mi?

- Neden hazinenizi saklayıp duruyorsunuz. Onu ihtiyaçlarınıza harcasanıza.

- Dünyada olmaz. Hazinem biter sonra. Ben hazinesiz yaşayamam, demiş yedi başlı ejderha.

Taku Tiki, ejderhaya acıyarak bakmış.

– Benim sizin gibi yedi başım yok ama yine de nasıl yaşamam gerektiğini biliyorum, demiş. Siz böyle burada oturmaya devam edin.

Yedi başlı ejderha, Taku Tiki'nin ardından bakakalmış. Hâlâ hazinesini beklemeyi sürdürüyor. Ve her an can sıkıntısından ölebilir.

MAKURİ'NİN ATI

Evvel zaman içinde Makuri adında bir çiftçi varmış. Fakat Makuri'nin işleri başka çiftçiler kadar yolunda gitmezmiş. Çünkü o işlerini vakti vaktine yapmayı sevmez hep yarına ertelermiş. Bu huyu yüzünden bazen tarlasındaki buğdaylar sararıp solar, bazen de bahçesindeki sebze ve meyveler eriyip çürürmüş.

Makuri o gün atının üzerine iki çuval buğday yüklemiş, kasabaya gidecekmiş. Yol uzunmuş. Üstelik kayalık ve yokuşmuş. Fakat Makuri her zamanki gibi atının bakımını yapmamış. Nallarına bakmamış. Azıcık bir ot vermiş. Zavallı atı yarı aç yarı tok yola çıkarmış. Az gitmişler uz gitmişler... Derken daha yarı yola gelmeden atın nallarındaki çivinin biri düşüvermiş. Makuri "Bir çividen bir şey olmaz. Oyalanarak vakit kaybetmeyeyim" diyerek yoluna devam etmiş.

Çok geçmeden atın ayağından bu kez de nalı düşmüş. Makuri yine "Bir naldan bir şeycik olmaz. Oyalanmayayım" diyerek yürümüş.

Böyle bir süre daha gittikten sonra at birden acıyla kişnemiş ve olduğu yere oturuvermiş. Makuri bir de bakmış ki atın nal düşen ayağına kocaman bir diken batmış.

Zavallı hayvanın ayağından kanlar akıyor... Makuri binbir güçlükle atın ayağındaki dikeni çıkarmış. Ama hayvanın canı çok yanmış. Bir türlü ayağa kalkamıyormuş.

Makuri, ne yaptıysa fayda etmemiş. Sonunda atının üstündeki çuvalları kendi yüklenmek zorunda kalmış.

O gün Makuri, atıyla birlikte karanlık çökerken şehre varabilmiş. Makuri'nin ilk işi, atını bir nalbanda götürerek tedavi ettirmek olmuş. Sonra zavallı hayvanın bir güzel karnını doyurmuş. O günden sonra da hiçbir işini ihmal etmemiş.

DEVİGO

Bir zamanlar dağların arasındaki bir köyde Kocaoğlan adında bir dev yaşarmış. Kocaoğlan adı üstünde kocaman bir devmiş. O yerinden kıpırdadı mı, köy sarsılır, bastığı yerde ne varsa ezilirmiş. O yüzden köyde herkes devden korkar, çekinirmiş.

Günlerden bir gün köye bir bilgenin yolu düşmüş. Köylüler bilgeye devden şikâyetçi olmuşlar. Bilge:

– Tumba köyünde yaşayan Devigo adında bir dev tanıyorum, demiş. Akıllı ve iyi biridir. Etrafındaki kimseye zarar vermez. Neden gidip derdinizi ona anlatmıyorsunuz?

Köylüler bilgeye hak vermiş. Hemen aralarından seçtikleri üç adamı deve göndermişler.

Adamlar üç gün üç gece süren yolculuğun ardından nihayet Tumba köyüne varıp Devigo'nun yaşadığı mağarayı bulmuşlar. Devigo o sırada, bir ağacın altına oturmuş, elma yiyormuş. Adamlar ürkek adımlarla Devigo'ya sokulup:

- Merhaba, Devigo kardeş, demişler.

Devigo misafirlerinin selamını alıp onları güler yüzle karşılamış. Çok geçmeden aralarında bir sohbet başlamış. Devigo olup biteni dinleyince, adamlara şöyle demiş:

- Şimdi köyünüze gidin ve Kocaoğlan'a, benden

selam söyleyin. Ben ondan daha güçlüyüm. İstiyorsa gelsin tanışalım.

Üç adam köylerine dönüp Devigo'nun sözlerini köylülere iletmişler. Köylüler de hep birlikte Kocaoğlan'ın karşısına çıkarak:

- Kocaoğlan kocaoğlan! Tumba köyünde senden daha güçlü bir dev yaşıyormuş. Haberin var mı, diye sormuşlar.

Bunu duyan Kocaoğlan sinirinden küplere binmiş. Hemen koca adımlarıyla yeri göğü inleterek yola çıkmış. Üç beş adımda Devigo'nun yaşadığı mağaranın önüne varmış. Onu bekleyen Devigo ise hemen mağarasının kapısına bir levha asıp gidip yatağına yatmış. Levhada:

"DİKKAT İÇERİDE DEVİGO'NUN MİNİK YAVRUSU UYUYOR. SESSİZ OLUNUZ!" yazıyormuş.

Kocaoğlan sessizce başını içeri uzatıp bakmış. Gerçekten de yatakta mışıl mışıl bir dev uyuyormuş.

- Vaaay, demiş Kocaoğlan. Yavrusu bu kadar iriyse kim bilir babası nasıldır!

Sonra koşarak oradan uzaklaşmış. Bir daha da Kocaoğlan'ı gören olmamış. Devigo'dan çok uzaklara kaçmış olmalı...

ŞOKO'NUN ŞİŞELERİ

Şoko adında, baktığı her şeyi çift gören, şaşı bir çocuk varmış. Şaşılık bir göz hastalığıdır. İnsan ev, araba, kalem, defter, çocuk nereye baksa ikişer tane görüyormuş. Şoko da öyleymiş. Ama şaşı olduğunu kabul etmezmiş bir türlü. "Ben her şeyi olduğu gibi görüyorum" der, doktora da gitmezmiş.

Babası Şoko'yu okullar tatile girdiğinde gazoz satan bir adamın yanına çırak vermiş. Şoko buna çok sevinmiş. "Oh oh bütün gün gazoz içer serinlerim" diye düşünmüş. Ama hiç de umduğu gibi olmamış. Çünkü ustası çok titiz biriymiş. Şoko bütün gün oradan oraya koşturup duruyormuş.

O gün yine dükkân çok kalabalıkmış. Ustası Şoko'ya:

- Oğlum, hemen eve gidip raftaki şişeyi alıp bana gel, demiş.

Şoko, dükkândan çıkıp eve koşmuş. Fakat ustasının söylediği rafta iki şişe görmüş.

- Ustam hangi şişeyi istedi acaba, demiş.

Sonra evden çıkarak hemen dükkâna koşmuş.

- Usta, bana söylediğin yerde iki şişe var.

Hangisini getireyim, diye sormuş.

Ustası sinirlenmiş.

- Orada bir şişe var oğlum, demiş. Çabuk onu al gel. Şoko yine bir koşu eve gitmiş. Rafa bakmış ama yine iki şişe görmüş. Yeniden dükkâna giderek:

- Usta, orada iki şişe var. Hangisini getireyim, diye sormuş.

İyice sinirlenen ustası:

- Hay Allah! Birini kır, diğerini al gel, diye bağırmış. Şoko da doğruca gidip raftaki şişelerden birini kırmış. Diğerine elini uzattığında ise rafta şişe olmadığını görmüş. Şoko işte o zaman anlamış şaşı olduğunu.

Şoko'yu son gördüğümde gözlükleriyle çok şirin görünüyordu. Doktora gitmiş olmalı...

GÖLDEKİ CANAVAR

Evvel zaman içinde, bir göl kıyısında yaşayan sevimli mi sevimli üç tavşan varmış. Bu tavşanların üçü de birbirinden korkakmış. Esen yelden, uçan kuştan korkar, yuvalarından çıkmak istemezlermiş.

Bir gün yine korkuyla yuvalarından başlarını çıkarıp etrafa bakmışlar.

- Hadi kimsecikler yokken çıkıp yiyecek arayalım, demiş küçük tavşan.

Üçü birlikte göl kıyısından yürümeye başlamış. O sırada gölün içinden "Cup!" diye bir ses duyulmuş. Su hafif dalgalanmış ve ardından "Cup cup!" sesleri yeniden yankılanmış.

Bunu duyan tavşanlar korkuyla kaçmaya başlamışlar. Onları gören tilki neden kaçtıklarını sormuş. Tavşanlardan büyük olanı:

- Cup geliyor! Ondan kaçıyoruz, demiş.

- Cup da kim, diye sormuş tilki.

- Kim olacak, göldeki canavar!

- Nee! Gölde canavar mı var, diyerek tilki de tavşanların arkasına takılmış.

Yolda onları gören geyik, neden kaçtıklarını sormuş. Hepsi bir ağızdan:

- Cup'tan, Cup geliyor hemen kaç, diye bağırmışlar. Geyik de korkuyla peşlerine takılmış. Derken sincap, kaplumbağa, kurt ve gergedan da Cup'tan kaçanların arasına katılmış.

Sonunda ormanlar kralı aslanla karşılaşmışlar. Aslan:

- Hey! Durun bakalım! Bu aceleniz ne, diye sormuş.

Cup'tan kaçanların hepsi bir ağızdan:

- Cup geliyor, diye bağırışmışlar.

Aslan kral:

- Cup mu? O da kimmiş, diye kükremiş.

- Göldeki canavar!

- Gösterin onu bana, demiş aslan. Kimse benim halkımı korkutamaz!

Az sonra hep birlikte göle gitmek üzere yola çıkmışlar. Göl kıyısına geldiklerinde durup sesi dinlemişler. Tam o sırada kıyıdaki ağaçlardan birinden kocaman bir elma "Cup!" diye suya düşmesin mi!

Aslan göğsünü kabartarak:

- Korktuğunuz Cup bu muydu, demiş.

Tavşanlar, şaşkın şaşkın birbirine bakınmış. Basit bir sesten korkarak ormanı ayağa kaldırdıkları için utanmışlar. Bir daha da olur olmaz her şeyden korkmamışlar.

GÜL VE BÜLBÜL

Vaktiyle bahçesinde binbir çeşit gül yetiştiren bir bahçıvan varmış. Bahçıvanın yetiştirdiği güller dillere destanmış. Bu bahçenin güzelliğini bilen bülbüller de bahçeyi hiç boş bırakmazmış. Bahçıvan güllerin arasında şakıyan bülbülleri dinlemeyi çok severmiş. Hele bu bülbüllerden biri varmış ki sesi hepsinden güzelmiş. Her sabah bahçıvanın penceresine konar tatlı tatlı ötermiş.

İşte bu akıllı bülbül, bir gün bahçedeki güllerin arasında dolaşırken kırmızı bir güle konmuş. Başlamış ötmeye:

"Kırmızı gül, kırmızı gül! Arkadaşın olsun bülbül!" Kırmızı gül, nazlanarak:

- Ay, uf, puf! Yaprağımı incittin. Dikkat etsene biraz, diye bağırmış.

Bülbül, üzülerek:

- Özür dilerim. Niyetim sizi incitmek değildi, demiş. Ancak gül avaz avaz bağırarak:

- Ah benim güzel yaprağım, diye ağlamaya başlamış. Bunu duyan bahçıvan koşup gelmiş. Gülü inciten bülbülü yakalayıvermiş. Sonra da bir kafese koyup evin duvarına asmış. Neye uğradığını anlayamayan bülbül:

- Ey bahçıvan, beni neden hapsediyorsun? Güle bilerek zarar vermedim.

- Tek isteğim etrafa neşe saçmaktı. Seninle dost olduğumuzu sanıyordum, demiş.

Bahçıvan hiç oralı olmamış. Bahçeye çıkıp güllerini sulamış. Yaprağı incinen gülü sevip koklamış... Fakat güllerin ömrü kısadır. Yaprağı incinen gül de süresi dolunca her gül gibi solup gitmiş. Bir sabah uyandığında gülün solduğunu gören bahçıvan, çok üzülmüş. Bu gül için kafese koyduğu bülbülü hatırlamış. Ona haksızlık ettiğini anlamış. Hemen kafese gidip kapağını açmış.

- Ömrü kısacık bir gül için seni yok yere kırıp incittim, demiş. Gerçek dostlar, birbirini her zaman anlayıp dinleyendir.

GÜMÜŞ RENKLİ PARA

Vaktiyle gümüş renkli bir para varmış. Gümüş para kendini bildi bileli elden ele, cepten cebe gezer dururmuş. Kimi zaman bir babanın cebinde, kimi zaman simit almak isteyen bir çocuğun elinde olurmuş. Her gün yeni yerler gezmekten yeni insanlarla tanışmaktan memnunmuş.

Bir gün gümüş renkli parayı küçük bir kız eline almış ve küçük karanlık bir kutunun içine "Tın" diye atıvermiş. Aralarına yeni bir paranın katıldığını gören diğer paralar gümüş renkli paraya:

- Hoşgeldin para kardeş, demişler bir ağızdan.

- Hıı ben neredeyim, demiş gümüş renkli para.

- Burası bir kumbara, demiş paralardan büyük olanı. Küçük kız seni kumbarasına attı.

Gümüş renkli paranın gözü karanlığa alışmaya başlamış. Kumbaradaki üst üste yığılmış paraları görünce:

- Kumbara mı, demiş. Aman ya rabbi! Burası paraların hapis olduğu yer mi yoksa?

- Hapis sayılmaz, demiş büyük para. Kumbarası dolunca küçük kız bizi buradan çıkaracak.

Gümüş renkli para bunu pek inandırıcı bulmamış.

- Buradan çıkacağımızı nereden biliyorsun, diye sormuş.

- Çünkü daha önce başka kumbaralara da girip çıktım, demiş büyük para.

Gümüş renkli para, buna inanmamış. Artık elden ele dolaşamayacağım, kimseleri göremeyeceğim diye üzülüp durmuş.

Böyle aradan günler gelip geçmiş. Her gün kumbaraya 'Tın tın' sesleriyle yeni paralar düşmüş. Derken bir gün küçük kız kumbarasını almış ve doğruca çarşıya götürmüş. Kumbaranın kapağı "Tık" diye açılmış. Paralar bir tezgâhın üzerine saçılmış.

İşte o an gümüş renkli para neşeyle gözlerini kırpıştırmış. Gün ışığına sevgiyle bakmış.

- Yaşasın büyük para doğru söylemiş. İşte karanlıktan kurtuldum, diye bağırmış.

Meğer küçük kız biriktirdiği bu paralarla yoksul bir arkadaşı için elbise alacakmış. Paralar birbirleriyle vedalaşarak ayrılmışlar. Gümüş renkli paranın yolu o günden sonra yeniden başka başka kumbaralara düşmüş. Ama bir daha umutsuzluğa hiç düşmemiş.

AĞUSTOS BÖCEĞİ İLE KARINCA

Vaktiyle içinden şırıl şırıl derelerin aktığı güzel bir ormanda bir ağustos böceği ile karınca yaşarmış. İkisinin evleri birbirine çok yakınmış. Ama bu iki komşunun uğraşları hiç birbirine benzemezmiş. Ağustos böceği bütün gün ağaçtan ağaca gezerek şarkı söyler, karınca ise harıl harıl çalışır dururmuş.

O gün yine ağustos böceği bir çam ağacına çıkmış, şarkı söylüyormuş:

"Cır cır cır, rahatım gıcır. Keyfime diyecek yok. Benim aklım çalışır."

O sırada karınca kocaman bir buğday tanesini yüklenmiş yuvasına götürüyormuş. Çalışırken alnında boncuk boncuk terler birikmiş. Bir yandan da şöyle diyormuş:

"İşte sonbahar oldu. Yuvam buğday doldu.

Çalışmaktan ağrıdı her yanım. Olsun kış gelince yatarım."

Ağustos böceği ile karınca böyle geçirirlermiş günlerini...

Derken sonbahar geçmiş kış gelmiş. Hava soğumuş. Vuu vuu rüzgârlar esmiş. Bulutları kovalamış. Ormanda şiddetli yağmurlar başlamış. Çok geçmeden lapa lapa kar yağmış. Bir sabah bembeyaz bir karla örtülmüş orman.

Bütün hayvanlar soğuktan korunmak için yuvalarına kapanmış. Fakat şarkıcı ağustos böceğinin ne yuvası varmış ne de yiyeceği...

Çaresizlik içinde kanatlarını büzerek, karıncanın kapısını çalmış.

- Karınca kardeş, çok üşüdüm, karnım da aç.

Bana biraz yiyecek verir misin, diye sormuş.

Karınca, ağustos böceğinin acınacak haline bakıp:

- Zavallı ağustos böceği bütün yaz şarkı söyleyip duracağına, kış için bir şeyler biriktirseydin ya, demiş.

Ağustos böceği, başını önüne eğerek:

- Haklısın karınca kardeş, demiş. Hele bir yaz gelsin durmadan çalışacağım. Ama şimdi çok açım.

Karınca, ağustos böceğini evine konuk etmiş. Ona yemek ikram etmiş. Kar kalkıncaya kadar birlikte yaşamışlar. Yaz gelince ağustos böceği sözünde durmuş mudur dersin?

ISLAK BUĞDAYLAR

Güvercin bey ve güvercin hanım bir meşe ağacının üzerine yuva yapmışlar. Çok geçmeden güvercin hanım üç yumurta yumurtlayıp üstüne oturmuş. Güvercin bey de yuvaya yiyecek taşımaya başlamış. Derken birkaç ay sonra yumurtalardan üç şirin yavru çıkmış. Güvercin bey:

- Artık büyük bir aile olduk. Kış gelmeden yavrularımız için yiyecek depolamalıyız, demiş.

Güvercin hanımla birlikte o günden sonra yuvaya buğday taşımaya başlamışlar. Sonunda yuvaları buğdayla dolup taşmış.

Güvercin bey, hanımına:

- Yaz boyunca bu buğdaylara dokunmayalım.

Kış gelince yeriz, demiş.

Güvercin hanım da "Olur" demiş.

Günler günleri kovalamış. Yavrular büyüyüp serpilmiş. Kış da gelip kapıya dayanmış. Güvercin ailesi artık yiyecek toplamaya çıkamaz olmuş. Bir sabah güvercin bey, depoladıkları buğdaylara bakmak için yuvanın arka kısmına dolanmış. Fakat o da ne! Yazdan beri topladıkları buğdaylar yarı yarıya azalmamış mı! Güvercin beyin aklı başından gitmiş:

- Hanım hanım, diye bağırmış. Hani bu buğdayların yarısı?

Güvercin hanım koşup gelmiş:

- Aaa! Buğdaylarımız nereye gitmiş ki, demiş. Ne kendim yedim ne de yavrularımıza yedirdim.

Ama güvercin bey, hanımına inanmamış. Ona kızıp bağırmış. Zavallı güvercin hanımın kalbi öyle kırılmış ki, yuvada duramamış. Uçup gitmiş.

Güvercin bey, hanımını ne aramış ne sormuş. O kadar sinirliymiş ki, yavru güvercinleri bile yuvadan kaçırmış. Böylece aradan aylar geçmiş.

Derken yaz gelmiş. Güvercin bey yuvasını yeniden buğdayla doldurmuş. Derken günler su gibi akmış ve kış gelince güvercin bey ne görsün! Depodaki buğdaylar yine yarım değil mi? Meğer yazın ıslak olan buğdaylar, kışa kadar depoda kuruyunca böyle azalmış görünüyormuş. Güvercin beyin o zaman aklı başına gelmiş. Hanımını haksız yere suçladığını anlamış. Hemen ailesini ormanda aramaya çıkmış.

- Güvercin hanım! Yavrularım! Neredesiniz?

Sence biraz geç kalmadı mı?

PÜF NOKTASI

Vaktiyle uzak ülkelerin birinde Can adında bir genç varmış. Can'ın yaşadığı kasaba çömlekleriyle ünlüymüş. Can da bir çömlekçi dükkânı açmak istiyormuş. Ama bunun için önce çömlekçilik işini öğrenmesi gerekmiş. Can araştırmış soruşturmuş, sonunda bir çömlekçinin yanında iş bulmuş.

Doğrusu ustası çok becerikli bir adammış. Her gün elinden envai çeşit çömlek çıkıyormuş. Aklı karalı, renkli boyalı çömleklerin her biri birbirinden güzelmiş. Can, kısa zamanda ustasından işi öğrenmiş. Bir gün:

- Ustacığım ben artık çömlek yapmayı öğrendim. Gidip dükkân açacağım, demiş.

- Dün bir bugün iki, demiş ustası. Ne çabuk karar ver din. Çömlekçilik, tecrübe isteyen bir iştir. Bence biraz daha yanımda kalmalısın.

Ama Can'a söz geçmemiş. Kararında ısrarlıymış. Ustasıyla vedalaşıp hemen açacağı dükkânın hazırlıklarına başlamış.

Sonunda hazırlıklar tamamlanmış. Can açtığı dükkânda çeşit çeşit çömlekler yapmaya başlamış. Çömleklerin hepsi birbirinden güzelmiş. Fakat yaptığı hiçbir çömlek ustasınınkiler kadar parlak olmuyormuş.

Can çömleklerindeki bu sorunu ne yaptıysa giderememiş. Sonunda ustasına giderek, durumu anlatmak zorunda kalmış.

Ustası çok yardımsever bir adammış. Can'a:

- Şimdi beni dikkatlice izle, demiş.

Bir çömlek yapmaya başlamış. Çömlek bitince fırına sürmeden önce eline almış ve tozunu "Püf!" diye üflemiş. Bunu gören Can'ın gözleri iri iri açılmış.

- Ustacığım, işte benim yapmadığım şey buydu, demiş. Çömlekleri fırına vermeden önce üflemiyordum.

- Yaa, demiş ustası. Her işin bir olmazsa olmazı vardır. Çömlekçiliğin de püf noktası bu!

- Meğer işi tam öğrenemeden yanınızdan ayrılmışım, demiş Can. Yardımınız için çok teşekkür ederim.

Can o günden sonra birbirinden güzel çömlekler yapmış. Hepsi de pırıl pırıl parlıyormuş.

AKILSIZ NANA

Vaktiyle sarayda yaşayan Nana adında tembel bir hizmetçi varmış. Nana iş yapmayı sevmez, kendine verilen işleri de yarım yamalak yaparmış. Saraydaki hizmetçibaşı, Nana'yı uyarıp dururmuş. Ama Nana söz de dinlemezmiş. Sonunda hizmetçinin tembelliği padişahın kulağına kadar gitmiş. Padişah, Nana'yı merak etmiş, uzaktan uzağa gözlemlemiş. Bakmış ki hizmetçi, tıpkı anlattıkları gibi iş sevmezin teki, adamlarına:

- Derhal bu hizmetçinin maaşını yarı yarıya indirin! Belki hatasını anlar da davranışlarına çekidüzen verir, demiş.

Nana'nın maaşı böylece yarıya inmiş. Ama değişen bir şey olmamış. Nana, kendini düzeltmek yerine hizmetçibaşını ve saraydaki diğer çalışanları suçlamış. "Beni çekemedikleri için padişaha şikâyet ettiler. Ben hepsinden daha çok iş yapıyorum" diye söylenip durmuş.

Kimse ona kulak asmayınca Nana daha da kızmış. İşi gücü bırakıp odasına kapanmış. Padişaha uzun bir mektup yazarak, kendisini övmüş, arkadaşlarını suçlamış. Mektubun sonunda da "Siz değerli padişahım çok cömert birisiniz. Lütfen maaşımı yükseltiniz!" diye istekte bulunmuş. Mektubu padişaha gönderip merakla beklemeye başlamış. Fakat aradan günler geçmesine rağmen padişahtan hiçbir cevap gelmemiş. Nana, bu kez daha da ısrarcı bir mektup yazarak padişaha kendini acındırmaya çalışmış. Fakat yine cevap alamamış. Nana bu kez de iyice hiddetlenerek: "Siz nasıl bir padişahsınız ki, mektubuma cevap vermiyorsunuz. Sizden maaşımı arttırmanızı istedim. Neden susup duruyorsunuz?" diye sormuş mektubunda. Tabii yine cevap yok!

Nana hırsını alamayıp böyle üst üste beş mektup daha göndermiş padişaha... Öfkeyle neler yazmış neler.

Sonunda padişahın veziri gelen bu mektuplara dayanamamış.

- Padişahım, af buyurun ama neden bu saygısız hizmetçinin ağzının payını vermiyorsunuz, diye sormuş.

Padişah omuzlarını dikleştirmiş ve gülümseyerek vezirine bakmış.

- Akılsız birine cevap vermek, onun seviyesine inmek demektir, de ondan demiş. Şimdi onun suçunu affedersem kusurunu görmeyecek. Cevap yazsam, durmadan kendini savunacak. Susmak akılsız kişiye verilen en iyi cevaptır. İçimden bir ses, Nana'nın saraydan kovulmasının yakın olduğunu söylüyor.

YUKİMO'NUN AĞACI

Bir zamanlar Çin'de Yukimo adında bir çocuk yaşarmış. Yukimo ağaçları çok severmiş. Bir gün babasına:

- Babacığım, ben de bir ağaç dikmek istiyorum. Onu her gün sulayacağım ve büyüyünce adını da 'Yukimo'nun Ağacı' koyacağım, demiş.

Babası, sevgiyle Yukimo'nun başını okşamış.

- Öyleyse bu tohumu al ve bahçemize ek. Ona özenle bak, demiş.

Yukimo, babasının verdiği tohumu bahçeye ekmiş. Sonra her gün sulamaya başlamış. Aradan bir aya yakın zaman geçmiş. Ama tohumda hiçbir canlanma olmamış. Yukimo, babasına giderek:

- Babacığım, ektiğim tohum yeşermiyor, diye dert yanmış. Babası:

- Sabretmeli ve sulamaya devam etmelisin, demiş.

Yukimo, toprağı sulamaya devam etmiş. Böyle aradan üç-beş ay daha geçmiş. Yukimo yine babasına giderek:

- Babacığım tohumum yeşermiyor, diye sızlanmış. Babası:

- Sabret ve sulamaya devam et, demiş.

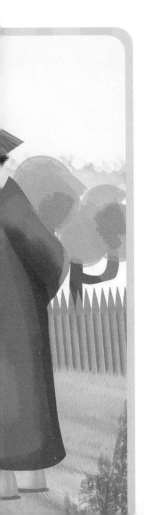

Yukimo, tohumunu sulamaya devam etmiş. Böyle aradan bir yıl geçmiş. Yukimo yine babasına giderek:

- Babacığım galiba ektiğim tohum toprağın altında çürüdü. Çünkü hiçbir yeşerme yok, demiş. Babası:

- Sabret ve sulamaya devam et, demiş.

Böylece aradan tam beş koca sene geçmiş. Yukimo hiç üşenmeden tohumunu her gün sabırla sulamış. Ve beş senenin sonunda tohumu yeşererek boy vermiş. Yukimo babasına koşarak:

- Babacığım, sonunda tohumun filizlendi, diyerek müjdeyi vermiş.

Babasıyla birlikte bahçeye çıkmışlar. Babası:

- Sevgili oğlum işte bu güzel fidanın adı Bambu'dur, demiş. Bambu ağacını yetiştirmek büyük bir sabır işidir.

Onu beş yıl boyunca sularsın. O ise ancak beş yılın sonunda boy verir ve sonra hızla büyür. Beş yıl sabretmeseydin, şimdi böyle güzel bir ağacın olmayacaktı.

Yukimo neşeyle el çırpmış.

- Yaşasın, diye bağırmış. 'Yukimo'nun Ağacı' gerçek oldu.

Sen de bir ağaç dik ve her gün sula... Uzasın bulutlara kadar.

OKUMA BİLMEYEN PUFİ

O gün okullar açılmış. Sevimli ayı yavrusu Pufi okula başlamış. Okulun ilk günü tanışma, resim ve boyamalarla geçmiş. Doğrusu okul güzel bir yermiş. Fakat ikinci gün, üçüncü gün derken Pufi okuldan sıkılmaya başlamış. "Git git bitmiyor. En iyisi okula biraz ara vermek" diye düşünmüş.

Pufi, o gün okula gitmemiş. Ormanda başıboş dolaşmak, kuşlarla kelebeklerle yarışmak istiyormuş. Ayrıca arı kovanlarından doya doya bal yemeyi de özlemişmiş.

Öğleye kadar gezmiş dolaşmış. Yorulunca da "Anneanneme gideyim de bana kurabiye yapsın" diye düşünmüş. Ama anneannesini evde bulamamış. Evin etrafında oraya bakmış buraya bakmış kimseyi görememiş.

Üzüntüyle geri dönerken bahçedeki salıncağı fark etmiş. "Aaa anneannem ben geleceğim diye salıncak mı yaptırmış? O gelinceye kadar sallanayım bari!" demiş. Oysa salıncağın üzerinde bir yazı asılıymış. Ama Pufi okuma bilmiyormuş ki okusun. "Anneannem buraya Pufi'nin salıncağı yazmış olmalı" diye düşünmüş. Sonra da neşeyle salıncağa oturmuş. Tam sallanacağı sırada salıncağa yapışıp kalmasın mı!

DİKKAT BOYALIDIR

Meğer salıncak boyalıymış. Pufi "Üstüm başım boya içinde kaldı!" diye ağlarken anneannesi bahçe kapısında görünmüş. Pufi üzüntüyle ona doğru koşarak:

- Anneanneciğim, şu hâlime bak, diye bağırmış.

- Puficiğim, salıncağın üstüne yazdığım yazıyı okumadın mı? "Orada Dikkat boyalıdır" yazıyordu, demiş anneannesi.

- Şeyy, ben okuma bilmiyorum ki, demiş Pufi. Henüz öğrenemedim de.

- Ben de bu salıncağı sana hazırlıyordum. Okumayı öğrendiğin gün gelip sallanırsın diye düşünmüştüm.

Pufi aceleci davrandığı için çok üzülmüş. O günden sonra okuluna severek gitmiş. Okumayı öğrendiğinde salıncağında doyasıya sallanacak.

BAMBUL'UN ARKADAŞI

Eski zamanlarda Bambul adında bir eşek varmış. Bambul çalışmayı hiç sevmez, her fırsatta işten güçten kaytarırmış. Nasıl mı? Mesela sahibi sırtına yük yüklese taşımak istemez, yolda beride oyalanırmış. Ya da bir yere mi gidilecek, yolun ortasında oturur "Ai Ai!" bağırırmış. Sahibi onun bu nazından bıkmış usanmış. En sonunda pazara götürüp satmaya karar vermiş.

O gün kasabanın pazarıymış. Sahibi Bambul'u yularından tutup pazara götürmüş. Üzerine de kocaman harflerle "SATILIK EŞEK" yazan bir levha asmış. Çok geçmeden adamın biri eşeği almaya talip olmuş. Bambul'un sahibi, eşeği seve seve kendisine satabileceğini söylemiş. Ancak adam:

- Bu eşeği bir şartla alırım, demiş. İzin ver önce onu çiftliğime götüreyim. Huyunu suyunu bir öğreneyim.

Eşeğin sahibi çaresiz razı olmuş. Adam Bambul'u alarak çiftliğine götürmüş. Niyeti onu denemekmiş. Eşeği bahçede serbest bırakmış. Bambul, serbest kalır kalmaz hemen çiftlikteki en tembel eşeğin yanına gitmiş. Onunla bütün gün otlamış, sonra da tembel tembel yatıp uyumuş.

Bu ertesi gün de böyle sürmüş. Bambul otlayıp uyumaktan başka bir şey bilmiyormuş.

Bunu gören adam Bambul'u tuttuğu gibi eski sahibine götürmüş.

- Üzgünüm arkadaş, ben bu eşeği almaktan vazgeçtim, demiş.

Bambul'un sahibi:

- Peki, ama neden, diye sormuş.

- Çünkü bu eşek, çiftliğe varır varmaz hemen en tembel eşeğin yanına gitti. Gün boyu onunla otlayıp sonra da uyudu. Kendine en obur ve tembel eşeği arkadaş edinen eşek de tembeldir. Ondan bana fayda gelmez.

Bambul'un sahibi, çaresiz onu geri almış. Son günlerde Bambul'u çalıştırmak için yeni yollar arıyor. Bir fikrin var mı?

MEŞE AĞACININ YAŞAMA SEVİNCİ

Vaktiyle yemyeşil bir orman varmış. Bu ormanda her şey pek bir güzelmiş. Gökte güneş pırıl pırıl, ağaçlardaki kuşlar cıvıl cıvılmış. Vız vız arılar rengârenk çiçeklerde birbiriyle yarışır, benekli kelebekler nazlı nazlı salınırmış. Fakat ağaçlardan meşe ağacı nedense pek mutlu değilmiş. Bunca güzelliğin içinde, "Ben neden yeterince yaşama sevinci duyamıyorum" diye üzülüp dururmuş. Öyle ki mutsuzluktan yaprakları dökülmeye başlamış. Bunu gören rüzgâr:

- Meşe ağacı meşe ağacı, ben şiddetli mi estim ki, yapraklarını döküyorsun, diye sormuş.

Meşe ağacı, ağlamaklı bir sesle:

- Hayır, rüzgâr kardeş senin bir suçun yok! Yapraklarım mutsuzluktan dökülüyor, demiş.

- Neden mutsuzsun ki, diye sormuş rüzgâr.

- Kendimi bildim bileli burada dikilip duruyorum. Hiçbir can yoldaşım yok. Galiba ben çok yalnızım.

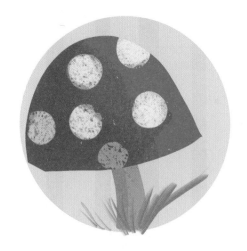

Rüzgâr, meşe ağacına hak vermiş.

- Ben vuu vuu eserek dünyayı dolaşırım. Herkesle arkadaş olurum. Sana da arkadaş bulmamı ister misin, demiş.

- Bunu yapabilir misin gerçekten, diye sormuş meşe ağacı.

- Elbette yaparım, demiş rüzgâr. Seni mutlu görmek beni de mutlu eder.

Rüzgâr böyle diyerek tatlı tatlı esmiş. Ormanı dört dolanmış. Derken bir sincap ailesine rastlamış. Baba sincap ailesi için yuva yapabileceği güvenli bir yer arıyormuş. Rüzgâr bunu öğrenir öğrenmez:

- Sizin için harika bir yer biliyorum, demiş. Beni takip edin lütfen.

Sincap ailesi, rüzgârı takip etmiş. Az sonra meşe ağacının yanına gelmişler. Sincap baba:

– Sevgili meşe ağacı, ailem ve ben evsiz kaldık. Yeni yuvamızı senin dallarına yapabilir miyiz, diye sormuş.

Meşe ağacı sevgiyle gülümseyerek:

– Elbette yapabilirsiniz, demiş. Bundan mutluluk duyarım.

İşte o gün meşe ağacının yalnızlığı bir tüy gibi uçuvermiş. O artık dallarına yuva yapan yeni dostlarıyla çok mutlu... Rüzgâra teşekkür etmeyi de unutmadı.

DELİK KOVA

Çok eski zamanlarda yaşayan bir sucu varmış. Bu sucu omzunda taşıdığı iki kovayla evlere su dağıtırmış. Fakat bu kovalardan birinin altında küçük bir delik varmış. Sucunun taşıdığı su, kovadan yol boyunca dökülür, içindeki su yarıya inermiş.

Kovalardan diğeri ise sapasağlammış. Onun içinden bir damla bile su yere dökülmezmiş. Bir gün sağlam kova, delik kovaya:

- Şu yaptığın işe bak. Taşıdığın suyun yarısını yere döküyorsun. Ne kadar beceriksiz bir kovasın, deyivermiş.

Delik kova, bu sözlere çok üzülmüş.

- Fazla çalışmaktan altım delindiyse bu benim suçum değil ki, demiş.

Ama sağlam kovanın suçlamaları bitmek bilmemiş. Diğer günlerde de delik kovayı küçük görüp durmuş.

- Senin taşıdığın azıcık su bir işe yaramaz, diyormuş. Bence sen git de artık yerine başka kova gelsin.

Delik kova sonunda dayanamamış. "Ühü ühü!" ağlamaya başlamış. Delik kovanın ağlamasını duyan sucu merakla:

- Benim güzel kovam neden ağlıyorsun, diye sormuş.

- Ben ağlamayayım da kim ağlasın, demiş kova. Altım delik, içime dolan suların yarısı yola dökülüyor. Ben işe yaramazın tekiyim.

Sucu, kovaya gülümseyerek:

- Boşu boşuna üzülüyorsun, demiş. Ben senin delik olduğunu biliyorum. O yüzden yolun kenarına bu çiçekleri ektim ya. Gelip geçerken deliğinden akan sularla onları suluyorsun. Bak hepsi ne kadar da canlı görünüyor.

Kova yol boyunca uzanan çiçeklere bakmış. Hepsi de rengârenk duruşlarıyla çok mutlu görünüyormuş. Delik kova o zaman ne kadar önemli bir işe yaradığını anlamış. O günden sonra yol boyunca suladığı çiçeklerle dost olmuş. Sağlam kova söylediklerinden utanmış olmalı...

KURT İLE KÖPEK

Vaktiyle ormanda yaşayan zayıf ve güçsüz bir kurt varmış. Öyle zayıfmış ki kış gelince soğuğa, yaz gelince sıcağa dayanamazmış. Fakat gidecek bir kapısı da yokmuş. Yarı aç yarı tok yaşamını sürdürürmüş.

Bir gün ormanda dalgın dalgın yürürken, iri mi iri, güçlü mü güçlü bir köpekle karşılaşmış. Şaşkınlıkla ona bakarak:

- Köpek kardeş, sen nasıl bu kadar şişmanladın, diye sormuş.

Köpek, ayakta zor duran kurda şöyle bir bakmış:

- Beni insanlar elleriyle besliyorlar dostum, demiş.

- Yaa, peki sen onlar için ne yapıyorsun, diye sormuş kurt.

- Ne yapacağım, bahçeyi bekliyorum. Hırsızlara göz açtırmıyorum.

- Ne güzel. Ben de seninle gelsem, bekçilik yapsam beni de beslerler mi?

- Neden olmasın, demiş köpek. Birbirimize çok benziyoruz. Yalnızca sen zayıfsın ben şişman.

Birlikte yola çıkmışlar. Derken yolda kurdun gözü köpeğin boynundaki yara izine takılmış.

- Köpek kardeş bu yara izi de ne, diye sormuş. Boynun acımıyor mu?

- Hımm, acıyor biraz, demiş köpek. Bu yara boynuma takılan tasmanın izidir.

- Tasma mı? O da ne!

- İnsanlar geceleri bahçeden çıkmamam için beni boynuma geçirdikleri tasma ile zincire bağlıyorlar, demiş köpek.

Kurdun gözleri korku ve şaşkınlıktan iri iri açılmış:

- Aman köpek kardeş o zaman ben seninle gelmeyeyim, demiş.

- Ama neden, diye sormuş köpek.

- Çünkü ben ormanda özgürce dolaşıp yaşamaya alışkınım. Tasmayla zincire vurulmak hiç bana göre değil.

Kurt böyle dedikten sonra ormana dönerek ağaçların arasında kaybolmuş. Yarı aç yarı tok yaşamaya razı olmuş. Çünkü özgürlüğü her şeyden değerliymiş.

BULUTA UÇAN SERÇE

Bir zamanlar içindeki çiçekleriyle ünlü bir orman varmış. Rengârenk birbirinden özel çiçekler ormana bambaşka bir güzellik katarmış. Papatyalar, menekşeler, kır çiçekleri... Boy boy ve çeşit çeşitmiş.

Fakat bir gün ne olduysa ormana hafiften bir karanlık çökmüş. Yoo gece olmamış. Akşam da değilmiş. Yaramaz bir bulut gelip güneşin önüne oturmuş. "Oh burası çok rahat! Artık bir yere gitmem!" diyormuş da başka laf etmiyormuş.

Bulut yerinden memnun oladursun, çiçekler ise bu durumdan şikâyetçiymiş. Güneş ışınları olmadan hiçbiri yaşayamazmış ki. Çok geçmeden teker teker solmaya başlamışlar.

Bu durumu ilk fark eden çiçeklerden bal toplayan arı olmuş.Sonra kelebekler, derken uğur böcekleri... Onlar böyle üzülüp dururlarken ağaçların arasından minik bir serçe uçup gelmiş. Çiçeklerin içler acısı durumunu görünce:

- Siz merak etmeyin, ben gidip bulutla konuşurum, demiş.

- Ama orası çok yüksek, nasıl kanat çırpacaksın, demiş narin kelebek.

- Elimden geleni yapacağım demiş, serçe. Baksanıza yoksa bütün çiçekler ölecek.

Böylece gökyüzüne kanat çırpmış. Buluta varmak için saatlerce yol almış. O kadar yorulmuş ki kanatları ağrımış, esen rüzgârdan tüyleri dökülmüş. Yine de vazgeçmeden son gücüne kadar kanat çırpmış. Sonunda bulutun yanına varmayı başarmış. Sonra kibarca:

- Bulut kardeş bulut kardeş, lütfen güneşin önünden çekilir misin, demiş.

- Aaa nedenmiş o, demiş bulut. Burası çok rahat!

- Sen burada durdukça ormandaki çiçekler ışıksız kalıyor ve tek tek solmaya başladılar, demiş serçe.

- Nee, demiş bulut. Burada oturarak onlara zarar verdiğimi bilmiyordum.

Hemen özür dileyerek güneşin önünden çekilmiş. Serçe, buluta anlayışı için teşekkür etmiş. Sonra yorgun kanatlarını ormana doğru çırpmış. Mutlulukla çiçeklerin yanına döndüğünde bir de ne görsün!

Gün ışığına kavuşan çiçekler tek tek canlanmamış mı? Hepsi bir ağızdan:

– Teşekkür ederiz serçe kardeş, diye bağırmışlar.

Serçenin ne kadar mutlu olduğunu söylememe gerek var mı?

ŞAŞKIN ŞUMU

Vaktiyle Şumu adında bir kaplumbağa yaşarmış. Şumu son günlerde yavaş yürümesini kafaya takmış. "Neden ormanın en ağır hayvanı benim" diye üzülüp duruyormuş. Fakat ne zaman hızlı yürümeye kalksa ayakları birbirine dolanıyor ve tökezleyip düşüyormuş.

O gün yine hızlı hızlı yürümeye çalışıyormuş ki, ayakları birbirine dolanınca tepetaklak sırtüstü dönüvermiş.

- İmdaaat! Kurtarın beni! İmdaaat, diye bağırmaya başlamış.

O sırada göl kıyısında dolaşmakta olan iki ördek, Şumu'nun sesini duymuş. Hemen koşarak yardıma gelmişler. Tepetaklak olmuş Şumu'yu birlikte düzeltmişler. Şumu ayaklarının üstüne basar basmaz:

- Ay, of, aman, diye sızlanmaya başlamış. Bıktım bu uyuşuk bacaklarımdan.

Ördekler Şumu'ya gülümseyerek:

- Ne güzel dört bacağın var, daha ne istiyorsun, demişler. Şumu:

- Dört bacağım var da ne işe yarıyor, diye ağlamaya başlamış. Azıcık hızlı yürüyeyim dedim, şu halime bakın! Sizin gibi kanatlarım mı var, gökyüzünde uçayım?

Ördekler Şumu'ya acımış.

- Zavallı Şumu, lütfen ağlama, istersen seni gökyüzünde biraz dolaştırabiliriz, demişler.

- Peki ama nasıl? Kanatlarınızı bana veremezsiniz ki!

- Kolayı var, demiş ördeklerden biri. Biz uzun bir sopa alıp ayaklarımızla tutacağız. Sen de sopanın ortasından ağzınla sımsıkı tutunacaksın. Biz de seni gezdireceğiz.

Bu fikir Şumu'nun çok hoşuna gitmiş.

- Gerçekten mi, diye bağırmış. Hani sopa nerde?

Ördekler hemen uzun bir sopa bulup ucundan ayaklarıyla sımsıkı tutmuşlar. Şumu da ağzını kocaman açıp sopanın ortasından ısırmış. Ördekler pır pır kanat çırpmış.

Böylece gökyüzüne yükselmişler. Şumu yüksekten yeryüzünü seyrederken sevincinden dört köşe olmuş.

Bir süre böyle neşeyle uçmuşlar. Derken onları gören bir kırlangıç:

- Hey siz ne yapıyorsunuz öyle, diye sormuş. Şumu neşeyle:

- İşte sonunda uyuşuk bacaklarımdan kurtuldum, uçuyorum, diye bağırmış. Fakat ağzını açmasıyla yere doğru inişe geçmesi de bir olmuş.

Allah'tan Şumu'nun düştüğü yer yumuşacık bir pamuk tarlasıymış. Şumu pamukların üstünden doğrulurken:

- Uçmak güzel şeymiş, diyormuş. Ama ayaklarımı da özlemişim. Yere basmak gibisi yok!

SEL VE ASLAN

Vaktiyle ormanın birinde kendiyle övünen bir aslan varmış. Attığı her adımda kendini beğenir, bu ormanın sahibi benim diye kasılırmış. O kasıladursun; bir gün ormanın ortasındaki ırmak taşmış. Ortalığı sel götürmüş. Sular hayvanların yuvalarına kadar ulaşmış. Her yer ıpıslak olmuş. Yalnızca yuvası yükseklerde olan aslanın sarayı kupkuru kalmış.

Ormandaki hayvanlar hemen bir araya gelerek aslanın yanına gitmiş.

- Kralımız! Irmak taştı, evlerimiz çamura bulandı. Lütfen derdimize bir çare bul, demişler.

Her gün ormanın sahibi olmakla övünen aslan hiç oralı olmamış.

- Her işinize ben mi bakacağım, demiş. Ben yalnızca ormanı yönetirim. Herkes başının çaresine kendisi baksın!

Hayvanlar üzüntüyle oradan ayrılıp bir kayanın altında oturmuşlar. Bir süre kara kara düşündükten sonra:

- Beni dinleyin demiş, kaplumbağa. Evlerimizin bir daha ıslanmasını istemiyorsak, önce ırmağın taşmasını önlemeliyiz.

- Ne yapabiliriz ki, demiş tilki. Irmağın sularını elimizle tutamayız ya!

- Neden ırmağın etrafına taş döşemiyoruz, demiş kaplumbağa. O zaman sular taşları aşamaz.

Bu fikir hepsinin hoşuna gitmiş. Ama taşları nereden bulacaklarmış ki...

- Ben dağın tepesine çıkıp oradaki taşları yuvarlarım, demiş kaplumbağa.

- Ben de, ben de, diyerek ona katılmışlar tilki ile kurt.

- Biz de yuvarlanan taşları aşağıda tutarız demişler sincap ile tavşan.

- Biz de ırmağın kenarına taşırız, demiş ayı ile gergedan.

Böylece hemen işe koyulmuşlar. Kaplumbağa, tilki ve kurt dağın tepesindeki taşları yuvarlamış; sincap ve tavşan zıp zıp zıplayarak dağın eteğinde taşları yakalamış, ayı ile gergedan da ırmağın kenarına taşımış. Böylece ırmağın etrafı taşlardan bentle örülmüş. O günden sonra ırmak bir daha taşmamış. Hiçbir hayvanın evi de ıslanmamış.

Aslanın krallığı mı? Halkını en zor zamanda yalnız bırakan aslan, ortalarda gözükmüyormuş.

KİMİN EVİ?

Ormanın birinde kınalı bir keklik varmış. Kınalı keklik bir gün gezerken bir ağaç dalında yarım kalmış bir kuş yuvası görmüş. "Burayı biri yarım bırakıp gitmiş. Ben üstünü tamamlayıp da oturayım" demiş. Kısa zamanda taşıdığı çalı çırpılarla yuvayı tamamlamış. Yeni bir yuvası olduğu için çok mutluymuş.

O gün akşam yemeği için mısır taneleri toplamış, yuvasına dönüyormuş. Fakat ne görse iyi! Bir saksağan yaptığı yuvaya oturmuş kasım kasım kasılmıyor mu! Keklik şaşkın şaşkın:

- Hayırdır saksağan kardeş, bana misafirliğe mi geldin, demiş.

- Ne misafirliği, demiş saksağan. Burası benim evim.

- Bu yuvayı ben yaptım, demiş keklik.

- Bu yuvanın temelini ben attım, demiş saksağan.

- O zaman neden yarım bırakıp gittin?

- Bir yere gittiğim yok, sadece biraz dinleniyordum.

- Seni şikâyet edeyim de gör!

- Yaa, kime şikâyet edeceksin bakalım!

Keklik, çaresizce etrafına bakınmış. O sırada ağacın altından bir kedi geçiyormuş.

Keklik hemen ağaçtan aşağı seslenerek:

- Kedi kardeş, kedi kardeş! Saksağan benim yuvamı kaptı. Şuna bir şey söyle, demiş.

Kedi, başını yukarı kaldırarak:

- Demek öyle! İkiniz de derhal aşağı gelin. Bana her şeyi en başından anlatın bakalım, demiş.

Saksağan ve keklik ağaçtan aşağı süzülmüş. İkisi birden konuşmaya başlamış.

- Oraya daha önce ben ev yapmıştım, keklik benim evimi kaptı.

- Hayır, saksağan benim evimi kaptı.

- Hayır, o benim evim!

- Hiç de bile! Benim!

Onlar böyle tartışırken kedi:

- Yaklaşın, yaklaşın, sizi tam duyamıyorum, demiş. Kuşlar iki adım daha yaklaşmış. Senin evimdi benim evimdi derken kedi bir hamlede kuşların üzerine atılmasın mı! İki kuş güçlükle kedinin elinden kurtulup gökyüzüne kanat çırpmış.

Can düşmanları kediden kendilerine hakem olmayacağını anlamışlar. Kavga edip duracaklarına anlaşmanın yolunu aramışlar.

YALNIZ KEDİ

Bir çiftlikte Mırmır adında bir kediyle Karabaş adında bir köpek varmış. Köpek bütün gün çiftliği bekler, kedi de fareleri kovalarmış. Çiftliğin sahibi ikisini de çok severmiş. Onları, nefis balıklar, kemikler ve çöreklerle beslermiş. Ama Mırmır'ın gözü hep Karabaş'ın yediği yiyeceklerde kalırmış. "Sahibim en güzel yiyecekleri Karabaş'a yediriyor! Onu benden daha çok seviyor" diye üzülürmüş.

Mırmır bir gün yine fare kovalamaktan gelmiş, yorgun argın kendini minderine atmışken, Karabaşı kocaman bir kemik parçasını yalarken görmesin mi! Öfkeyle, "Ben bütün gün koşup yorulayım, Karabaş da miskin miskin çiftliği beklerken afiyetle kemik yesin!" demiş. Hâlbuki Mırmır biraz sağına soluna bakınsa kendisi için de ayrılan kemiği görebilirmiş. Ama öfkesinden burnunun ucunu bile göremiyormuş ki! O sinirle çiftlikten çıkarak yürümeye başlamış. Bir de şarkı tutturmuş.

"Ben kimsesiz bir kediyim,

Yoktur sıcacık bir evim, sokaklarda dolaşırım, bilseniz ne kadar açım..."

Mırmır böyle sokak sokak gezerken akşam olmuş. Onun şarkısını duyan bir sokak köpeği peşine takılmış. Gizli gizli takibe başlamış. Sonra yavaşça yanına sokularak:

- Hey, yalnız kedi! Benimle gel de bir evin olsun. Sokaklardan kurtulursun, demiş.

Mırmır köpeğe inansın mı bilememiş. Ama karanlık sokaklar gözüne daha korkunç görününce gitmeye razı olmuş. Az sonra kapkaranlık, terk edilmiş bir eve gelmişler. Burası ne sıcacıkmış ne de bir lokma yiyecek varmış. Üstelik çok da pis kokuyormuş. İçeri girdikleri an karanlıkta pırıl pırıl parlayan yüzlerce göz Mırmır'ın üzerine dikilivermiş.

- Bunlar da kim, diye bağırmış Mırmır. Canavarlar mı yoksa!

- Bunlar evinden kaçan kediler, demiş köpek. Sabah olunca hepsi kasabaya dağılır. Çöplerle beslenip geri dönerler. Akşam olunca da burada uyurlar.

- Iyk diye yüzünü buruşturmuş Mırmır. Çöpten beslenmek mi! Çok kötü!

Mırmır çaresiz, geceyi bu karanlık yerde, bir köşede kıvrılarak korku içinde geçirmiş. Sabah olunca etrafındaki kedilerin halini gördüğünde ise şaşkına dönmüş.

Zavallıcıkların hepsi de zayıflıktan bir deri bir kemik kalmış. Üstelik çok da pis görünüyorlarmış. Akşam onu buraya getiren köpek ise hepsine emirler yağdırıyormuş.

- Hadi yürüyün tembel tenekeler! Bugün çöpten ne bulursanız, yarısını akşam gelirken bana getireceksiniz! Ben de onları afiyetle yiyeceğim. Yoksa hiçbirinizi eve almam!

Duyduklarıyla Mırmır'ın gözleri fal taşı gibi açılmış. Mis gibi yuvasını terk edip buralara geldiğine bin pişman olmuş.

Onu gördüğümde çiftliğe doğru son hızla koşuyordu. Karabaşı mı özledi ne!

UÇİBO'NUN ÖZGÜRLÜĞÜ

O gün uçurtma Uçibo çok heyecanlıymış. Çünkü ilk kez gökyüzünde uçacakmış. Uçibo'nun sahibi olan çocuk bir tepenin üzerine çıkmış. Uçurtmasını boşluğa bırakarak ipini upuzun salmış. Kendini bir anda boşlukta bulan Uçibo şöyle bir silkelendikten sonra rüzgârı arkasına alarak gökyüzüne doğru havalanmış. İşte uçuyormuş. Uçibo uçsuz bucaksız gökyüzünü görünce adeta kendinden geçmiş.

- Yihhuuu, diye bağırmış. İşte özgürüm! Bu masmavi gökyüzü artık benim!

O sırada bir kuş sürüsü yanından geçiyormuş.

- Merhaba uçurtma kardeş, demiş kuşlar. Ne güzel bir gün değil mi?

- Evet, çok güzel, demiş Uçibo! Bana yaklaşmayın lütfen! Uçuş alanımı daraltıyorsunuz.

- Gökyüzü kocaman, demiş önündeki kuş. Merak etme hepimize yeter!

- Ben değerli bir uçurtmayım, demiş Uçibo! Gökyüzünde özgürce uçmak en çok benim hakkım.

Kuşlar, Uçibo'nun sözlerine kırılmış.

- Biz kuşlar değersiz miyiz yani, diyerek oradan uzaklaşmışlar.

O sırada bir kartal süzülerek Uçibo'nun yanına gelmiş.

- Merhaba uçurtma kardeş, demiş. Seni buralarda ilk defa görüyorum.

- Bundan sonra her gün göreceksin, demiş Uçibo.

Çünkü bu gökyüzü artık benim! Şu bulutlar, güneş... Hepsi benden sorulur.

- Gökyüzü hepimizindir, demiş kartal, Kuşların, uçurtmaların, uçakların, kelebeklerin...

Tartışma uzamış. Kartal ile Uçibo sonunda kafa kafaya gelmişler. Neredeyse birbirlerinin canını acıtacaklarmış. Uçibo inatla, "Gökyüzü benim!" deyip de başka laf etmiyormuş.

O böyle diklenirken tuhaf bir şey olmuş. Uçurtma uçurmaktan sıkılan çocuk, uçurtmasının ipini toplayınca, Uçibo, gökyüzünden hızla aşağı doğru kaymaya başlamış.

Bir yandan da:

- Ay bana bir şeyler oluyor, diye bağırıyormuş.

Kartal ona gülümseyerek el sallamış.

- Güle güle Uçibo! Bir ipe bağlı olduğunu ne çabuk unuttun! Gökyüzü kiminmiş anlayabildin mi! Umarım bir dahakine buralarda daha uzun kalırsın!

KIRK DEĞNEK

Vaktiyle köyün birinde, bileğinin gücüyle yaşamını sürdüren bir çiftçi varmış. Her sabah erkenden kalkıp tarlasına gider, gün boyu çalışıp yorulurmuş. Kıt kanaat geçinse de hâlinden şikâyeti yokmuş. Çiftçi bir sabah yine tarlasına gelmiş, çift sürüyormuş.

O sırada sabanın ucuna bir şey takılmış. Çiftçi sabanın bir taşa çarptığını sanmış. Eğilip bakmış. Meğer bu taş değil bir çömlekmiş. Çiftçi çömleği açınca bir de ne görsün! Altın bilezikler, yakut kolyeler... İçi mücevher kaynıyormuş.

Çiftçi, üzülse mi sevinse mi bilememiş. "Bu kadar değerli eşyayı kendim kullanamam. Bunları saraya götürüp padişaha teslim etmeliyim" diye düşünmüş.

Hemen işini gücünü bırakıp, çömleği kolunun altına sıkıştırarak sarayın yolunu tutmuş.

Sarayın kapısında nöbet tutan askere:

- Padişahla görüşmek istiyorum, demiş.

Asker, çiftçinin eski püskü giyimine bakarak:

- Sen kim oluyorsun da padişahla görüşmeye geliyorsun, diyerek onu küçümsemiş.

Çiftçi, askerden bir türlü izin alamayınca, çömlekteki altınları göstererek:

- Bunları tarlada saban sürerken buldum. Padişaha vereceğim, demiş.

Mücevherleri gören askerin gözleri yuvalarından fırlamış.

- Seni bir şartla padişahın huzuruna çıkarırım. Padişah sana ödül olarak ne verirse, yarısını bana vereceksin, demiş.

Çiftçi çaresiz razı olmuş. Çok geçmeden padişahın huzuruna çıkarılmış. Ona mücevher dolusu çömleği sunmuş. Sonra da çömleği nerede, nasıl bulduğunu anlatmış.

Padişah olanları dinleyince, bu dürüst çiftçiyi ödüllendirmek istemiş.

- Bu güzel davranışın karşısında dile benden ne dilersen, demiş.

Çiftçi hiç düşünmeden:

- Bana ödül olarak kırk değnek vurdurun padişahım, demiş.

- Neden, demiş padişah şaşkınlıkla.

- Çünkü bana vereceğiniz ödülün yarısını kapınızda bekleyen asker istedi de, bence ona en uygun ödül yirmi değnek vurulmasıdır.

Padişah, bu açık sözlü çiftçiyi çok sevmiş. Onu sarayda alıkoyarak baş danışmanı yapmış. Kapıdaki askerini ise kovdurduğunu söylüyorlar.

İsabetli bir karar değil mi?

NOMİK'İN PUANLI ELBİSESİ

Nomik'in annesi terziymiş. Nomik'e puanlı bir kumaştan elbise dikmiş. Nomik yeni elbisesini giymiş. Doğrusu irili ufaklı puanlarla süslü elbise üzerinde çok hoş durmuş. Nomik, neşe içinde evden çıkıp göl kıyısına gelmiş. Fakat göl kıyısı kurbağa vıraklamasından yıkılıyormuş. Nomik, kurbağalara:

- Ne oldu, neden böyle bağırıp duruyorsunuz, diye sormuş.

Kurbağalar bir ağızdan:

- Üzerimizdeki yeşil beneklerimiz kayboldu. Onları bulamıyoruz, demişler.

Nomik, kurbağaların üzülmesine dayanamamış. Hemen elbisesindeki siyah puanları çıkarıp onlara dağıtmış. Beneklerine kavuşan kurbağalar, neşe içinde bağırmışlar:

- Teşekkür ederiz Nomik! Çok iyisin!

Nomik, gülümseyerek oradan ayrılmış. Yürürken bu kez de otların arasında bir grup uğur böceği görmüş. Hepsi de harıl harıl bir şeyler arıyorlarmış. Nomik onlara ne aradıklarını sormuş. Uğur böcekleri:

– Siyah beneklerimiz kayboldu, onlar olmadan kimseyi uğur böceği olduğumuza inandıramıyoruz, demiş.

Nomik hiç düşünmeden elbisesindeki puanların birazını da uğur böceklerine vermiş.

Nomik, yürürken bu kez de kelebeklere rastlamış. Kelebekler de üzgün bir şekilde bekleşiyormuş. Meğer onlar da beneklerini kaybetmişler. Nomik bunu öğrenince üzerinde kalan son puanları da onlara hediye etmiş.

Böylece Nomik'in hiç puanı kalmamış. Artık elbisesi üzerinde eskisi gibi şık ve gösterişli durmuyormuş. Ama Nomik bunu hiç sorun etmemiş. Sade elbisesiyle hoplaya zıplaya evinin yolunu tutmuş. Herkese mutluluk dağıttığı için çok huzurluymuş.

KİM ÖNDE?

Kurt ile tilkinin evleri birbirine yakınmış. Ama nedense iyi komşuluk yaptıkları söylenemezmiş. Ne birbirlerine gelir gider ne de yardımlaşırlarmış. Sanki aralarında gizli bir yarış varmış. Kim kimden daha akıllı, kim kimden daha iyi avlanıyor tartışır dururlarmış.

O gün kurt yuvasından çıkmış. Ağzını açıp kocaman esnemiş. O sırada tilki oradan geçiyormuş. Kurt, ona seslenerek:

- Huu komşu, nereye gidiyorsun, diye sormuş.

- Avlanmaya, demiş tilki. Kahvaltı yapmadım da!

- Ben de yapmadım, demiş kurt, beraber avlanalım mı?

- Olur, ne tarafa gidiyoruz?

- Ben yeni bir tavuk kümesi öğrendim. Oraya gitmeye ne dersin?

Tilkinin kümes sözüyle ağzının suyu akmış. Hemen kurdun ardına takılmış. Bir süre gittikten sonra, kurdun hep önden yürümesi tilkinin canını sıkmış. Birden hamle yaparak öne geçmiş. Başını havaya dikerek, göğsünü şişirmiş ve ıslık çalarak yürüyüşünü sürdürmüş. Bunu gören kurt:

- Hey, demiş. Yolu bilen benim! Ne diye önüme geçiyorsun?

- Buraları ben senden daha iyi bilirim, demiş tilki.

- Yaa, tavuk kümesini biliyordun da niye kendi başına gitmedin?

- Aslında seni oraya ben davet edecektim, ama sen benden önce davrandın.

Tilkiyle kurdun atışması böyle sürüp gitmiş. Kurt hızla atılarak tilkiyi geçmiş. Bir yandan da, "Hiçbir kurt, tilkinin ardından yürümez!" diye homurdanıyormuş. Tilki ise hiç oralı değilmiş. Bir tavşan gibi hoplayıp zıplıyor, kurdu ardında bırakmak için elinden geleni yapıyormuş.

Ben önden gideceğim kavgası gittikçe büyümüş. Az sonra yol iyice daralmış. Bunu fırsat bilen tilki ise yolun kenarındaki çalılıklara tutunmuş ve 'Hooop!' diye yeniden kurdun önüne atlayıvermiş. Atlamasıyla da birden bağırmaya başlamasın mı!

- Aaah! Kapana bastım. Ayağım ayağım! Kurtar beni kurt kardeş!

Kurt, tilkiye kızsa da onun acı çekmesine dayanamamış. "Kapana kısılan ben de olabilirdim" diye düşünmüş.

Tilkiyi kapandan kurtarmış. Yolun geri kalanını yan yana yürüyerek geçirmişler. İyi fikir!

ALTIN BALTA

Bir zamanlar, ormandaki kulübede karısıyla birlikte yaşayan yoksul bir oduncu varmış. Oduncu ormandan kestiği odunlarla evinin geçimini sağlarmış. O gün yine ormana ağaç kesmeye gitmiş. Kurumuş ağaç ararken, susamış, göl kenarına inmiş. Tam eğilip su içeceği sırada elindeki baltayı suya düşürmesin mi!

Yoksul oduncu: "Benim tek geçim kaynağım odunculuktu. Şimdi baltam olmadan nasıl ağaç keseceğim" diye üzülerek bir taşın üstüne oturup kara kara düşünmeye başlamış. O sırada, gölün içinden büyük bir balık başını çıkararak, adama:

- Neden böyle üzgünsün, diye sormuş. Adam konuşan balığa şaşkın şaşkın bakmış.

- Baltamı suya düşürdüm de, onun için üzgünüm, demiş.

Balık hemen suya dalmış. Az sonra ağzında ışıl ışıl parlayan altın bir baltayla suyun yüzüne çıkarak:

- Al işte baltanı buldum, demiş.

Oduncu etrafına ışıltılar saçan baltaya bakarak:

– Bu benim baltam değil, demiş. Benimki böyle parlamazdı.

O böyle deyince balık yeniden suya dalmış. Bu kez ağzında gümüş bir baltayla geri dönmüş.

– Öyleyse bu senin baltan, demiş.

Balıkçı gümüş baltaya da şöyle bir bakarak:

– Bu balta da benim değil, demiş. Benimkinin sapı tahtadandı. Böyle parlak değildi.

Balık yeniden suya dalmış. Bu kez ağzında sapı tahtadan bir baltayla dönüp gelmiş. Oduncu baltasını görür görmez tanımış.

– Hah, işte benim baltam buydu, demiş.

Balık, bu dürüst oduncuyu çok sevmiş. Ağzındaki baltayı ona uzatarak, yeniden göle dalmış. Art ardına altın ve gümüş baltayı da getirerek oduncuya uzatmış.

– Bu baltalar benim sana hediyem olsun, demiş. Ödüller her zaman dürüst insanlar içindir. Sen bunu hak ettin.

Oduncu balığın hediyelerini kabul etmiş. Evine dönerken artık ondan mutlusu yokmuş.

KAVGACI MURTİ

Küçük bir kasabada Murti adında bir çocuk yaşarmış. Murti'nin hiç arkadaşı yokmuş. Çünkü kavgacının tekiymiş. Hiç kimseyle geçinemezmiş. Ne evde rahat dururmuş, ne sokakta, ne okulda. Herkese sert ve kırıcı davranırmış. Sınıf arkadaşları Murti'den bıkıp usanmışlar. Kimse onunla aynı sırada oturmak istemiyormuş.

Sonunda öğretmeni Murti'ye hatasını göstermek istemiş. Bir gün ona boş bir tahta uzatarak, her kavga ettiğinde tahtaya bir çivi çakmasını istemiş. Bu Murti'nin ödeviymiş. Murti o günden sonra kiminle kavga ettiyse bu tahtaya bir çivi çakmış. Bir çivi, iki çivi, üç çivi derken boş tahta çok geçmeden çivilerle dolup taşmış.

Murti, tahtayı öğretmenine göstermeye utanmış. Sonunda tahtada tek bir çivi çakacak yer kalmamış. Murti tahtayı alıp öğretmenine götürmüş. Öğretmeni bu sefer de:

- Tamam Murti, demek ödevini tamamladın. Şimdi kavga etmediğin her gün için bu tahtadan bir çivi sök bakalım, demiş.

Murti o günden sonra ödevinin çabuk bitmesi için daha dikkatli olmuş. Arkadaşlarını kırmamaya özen göstermiş. Ve kavga etmediği her gün tahtadan bir çivi sökmüş. Sonunda çiviler tükenmiş. Murti tahtayı alarak öğretmenine götürmüş.

- Öğretmenim ödevimi bitirdim, demiş. Öğretmen tahtayı alarak:

- Tahta sence nasıl görünüyor, diye sormuş.

- Delik deşik, öğretmenim, demiş Murti, Öğretmeni:

- İşte sen de arkadaşlarına kırıcı sözler söylediğinde onların kalbini böyle yaralıyor demiş.

Murti, delik deşik tahtaya baktıkça, arkadaşlarına söylediği kötü sözleri hatırlamış. Yaptığından utanmış. O günden sonra kimseyle kavga etmemiş. Etrafındaki kimselerin kalbini kırmamaya özen göstermiş. Belki de birçok arkadaşı olmuştur. Kim bilir...

MAVİ TAŞ

Vaktiyle ülkenin birinde bir padişahın üç oğlu varmış. Padişah oğullarının üçünü de çok sever, birbirinden ayırmazmış. Fakat padişahın çocukları babalarının en çok hangisini sevdiğini merak edip dururlarmış. Bir gün aralarında, "Gidip babamıza soralım bakalım, en çok hangimizi seviyor" diye karar vermişler.

Sonra birer birer babalarının yanına giderek,

- Babacığım içimizden en çok hangimizi seviyorsun, diye sormuşlar.

Padişah oğullarının her birine küçük birer kutu vermiş. Sonra da:

- Bu kutulardan birine en çok sevdiğim evladım için mavi bir taş koydum. Ancak kimse kutusunu diğerine göstermesin. Ancak ben öldükten sonra kutunuzda ne varsa birbirinize gösterebilirsiniz, demiş.

Padişahın çocukları babalarının isteğini yapacaklarına söz vermişler. O gün merakla odalarına gidip kutularını açıp bakmışlar. Ama kimse içindekini diğerine göstermemiş.

Gel zaman git zaman padişah yaşlanmış ve ölmüş. Evlatları babalarının ardından üzülüp gözyaşı dökmüşler. Bir zaman sonra babalarının kendilerine verdikleri kutuları hatırlamışlar. Artık içindekini birbirlerine gösterebilirlermiş. Her biri odasına gidip kutusunu alıp gelmiş. Hepsi kutusunu açarak diğerine göstermiş. Kutuların üçünde de mavi bir taş varmış. Çocuklar, buna hem şaşırmış hem sevinmiş.

- Meğer babamız hepimizi çok seviyormuş, demişler mutlulukla.

İşte böyle... Babaların kalbi çocukları için aynı çarpar. Hepsini büyük bir sevgiyle severler. Anneler de öyledir... İnanmıyorsan sor!

YAVRU FİL

Vaktiyle, büyük mü büyük bir ormanda, yavru bir fil varmış. Yavru fil, henüz etrafını pek tanımıyormuş. Ormandaki hayvanları merak ediyormuş. Bir gün annesinden izinsiz ormanda gezintiye çıkmış. Önce yolunun üstündeki karıncaları görmüş.

- Aa ne kadar da küçük şeyler, demiş. Bunlar ormanın cüceleri olmalı. Bir de yolumun üstüne çıkmazlar mı!

Sonra yolda koşuşturan tavşanları görmüş.

- Bunlar da ancak kulağım kadarlar, demiş. Yanlışlıkla üstlerine basmasam bari.

Sonra ağaçlarda zıplayan sincapları görmüş.

- Bunlar da olsa olsa kuyruğumun yarısı eder, demiş. Derken avazı çıktığı kadar bağırarak:

- Hey küçücük şeyler, demiş. Ben hepinizden büyüğüm. Kralınız ben olayım mı?

Yavru filin böyle böbürlenerek yürüdüğünü gören tilki hemen aklında kurnazca bir plan yapmış. Sonra yavru filin yanına yaklaşarak:

- Saygıdeğer fil, demiş. Biz de ormanımıza kral seçmek için birini arıyorduk. Buyurun sizi törenin yapılacağı yere götüreyim de tacınızı takalım.

Yavru fil, tilkinin sözüne inanmış. Sevinçle peşine takılmış. Tilki önde fil arkada, epey yol yürümüşler. Sonunda bir vadiye gelmişler. Meğer burası tilkilerin yaşadığı vadiymiş. Tilki koşarak arkadaşlarına haber vermiş. Avlarının ayaklarına geldiğini gören tilkiler bir anda yuvalarından fırlamışlar.

Yavru fil, tilkileri görünce kandırıldığını anlamış. Var gücüyle koşarak oradan uzaklaşmış. Bir daha da büyüklüğüyle hiç övünmemiş. Kendine güzel vaatlerde bulunan kimselerin peşine de takılmamış. Çünkü akıllı ve tecrübeli olmak, büyük olmaktan çok daha önemliymiş.

ARI İLE KEÇİLER

Dağlarda çobanlık yapan küçük bir çocuk varmış. Küçük çoban o gün sürüsünü yaylada otlatmış, köyüne dönüyormuş. O sırada sürüsündeki iki keçinin kayıp olduğunu fark etmiş. Telaşla sağına soluna bakınırken keçilerin meleyişi duyulmuş. Küçük çoban başını kaldırıp baktığında bir de ne görsün! İki keçi yüksek bir kayanın üstüne tırmanmış, düşmek üzere değiller mi! Çobancık ne yapacağını bilememiş. Keçilerine seslenip yalvarıp yakarmış ama söz dinletememiş. Bir taşın üstüne oturup ağlamaya başlamış.

O sırada oradan geçmekte olan bir tavşan:

- Çoban kardeş neden ağlıyorsun, diye sormuş.

Küçük çoban kayanın üstündeki keçileri göstererek:

- Şu iki inatçı keçi kayaya çıktı. Ne söylediysem aşağı inmiyorlar. Benim de onları indirmeye gücüm yetmiyor, demiş. Tavşan:

- Sen üzülme! Ben şimdi gidip onları getiririm, diyerek hoplaya zıplaya kayaya çıkmış. Fakat ne yaptıysa keçileri aşağı inmeye razı edememiş. Derken tilki, kaplumbağa, ayı ve sincap da keçileri indirmek için uğraşıp durmuşlar ama ikisini de yerinden bile kıpırdatamamışlar.

Sonunda küçük bir arı çobana yardımcı olmak istemiş. Fakat diğer hayvanlar,

- Bizim yapamadığımız işi şu küçücük halinle sen mi yapacaksın, demişler.

Küçük arı onlara kulak asmadan kayanın üzerine uçmuş. Ve iki keçi yavrusunun başında vızıl vızıl vızıldamaya başlamış. Arının kendilerini sokmasından korkan keçiler apar topar aşağı inmişler. Keçilerine kavuşan küçük çobanın sevincine diyecek yokmuş. Arıya teşekkür ederek köyünün yolunu tutmuş.

Diğer hayvanlara da küçük arıyı kutlamak düşmüş.

VARYEMEZ'İN PABUÇLARI

Vaktiyle Varyemez adında zengin bir adam varmış. Varyemez zengin olmasına zenginmiş ama cimrilikte de üstüne yokmuş. Eskiyen hiçbir şeyini atmaz, eşyalarını tamir üstüne tamir ettirirmiş. Öyle ki Varyemez'in elbiselerinde kırk yama bulunurmuş. Ya pabuçları? Onlar da çivili mivili, eski mi eskiymiş. Bastığı yerden tın tın ses gelirmiş. Ama Varyemez parasına kıyıp kendine bir çift pabuç bile alamazmış. Varyemez'in kasabada cimriliğini bilmeyen yokmuş.

Varyemez, bir gün kasabanın hamamına yıkanmaya gitmiş. Fakat hamamdan çıkınca o eski püskü, çivili pabuçlarını görememiş. Kapının önünde yalnızca bir çift ayakkabı duruyormuş. Onlar da yepyeniymiş. Varyemez "Herhalde Allah halime acıdı. Eski ayakkabılarımı alıp bana yenilerini gönderdi" diye düşünüp bu ayakkabıları giymiş. Neşeyle evine yollanmış.

Fakat daha aradan birkaç saat geçmeden iki asker Varyemez'in kapısını çalmış. Onu kollarından yakalayarak:

– Seni Kadı efendinin ayakkabılarını çalmaktan tutukluyoruz, demişler.

Varyemez, "Ben kimsenin ayakkabısını çalmadım" dediyse de askerleri inandıramamış. Apar topar Kadı'nın huzuruna çıkarılmış. Meğer Varyemez'in ayakkabılarını pis kokuyor diye hamamcı dışarı bırakmışmış. Varyemez, Kadı'nın ayakkabılarını giyince Kadı'ya da o eski püskü ayakkabılar kalmış. Buna sinirlenen Kadı da arayıp sordurup ayakkabıların sahibini buldurmuş. Varyemez Kadı'dan özür dilese de ceza almaktan kurtulamamış, hırsızlık suçundan hapse girmiş.

Gel zaman git zaman Varyemez cezasını çekip hapisten çıkmış. Çıkar çıkmaz da eski ayakkabılarını tuttuğu gibi öfkeyle göle fırlatmış. Fakat çok geçmeden askerler yine Varyemez'in kapısını çalmış. Meğer bu sefer de göldeki pabuçlar balıkçıların ağlarına takılıp ağları parçalamasın mı! Balıkçılar ayakkabıları görür görmez tanımış. Tuttukları gibi Kadı'ya götürüp:

– Kadı efendi, Varyemez'in çivili ayakkabıları ağlarımızı paramparça etti, diyerek onu şikâyet etmişler.

Kadı, derhal Varyemez'i huzuruna çağırtarak, ayakkabılarının balıkçılara açtığı zararı ödemesini istemiş. Varyemez, pabuçlarına çok kızmış. Ama ceza almamak için çaresiz parayı ödemiş.

Sonra, "Nedir bu sizden çektiğim!" diyerek, pabuçlarını bu kez de, kaldırıp bir kanala fırlatmış. Fakat fırlatmaz olaymış. Pabuçlar bu kez de kanalda sürüklenerek gelip bir değirmenin çarkına takılmasın mı! Çarkı dönmeyen değirmenci de pabuçları kaptığı gibi soluğu Kadı'nın huzurunda almış. Tabii Kadı yine Varyemez'i çağırtmış. Varyemez değirmenciye de bir yığın para ödemek zorunda kalmış.

Böylece pabuçları yüzünden ceza ödeye ödeye, Varyemez'in paraları tükenmiş. Varyemez o günden beri harıl harıl pabuçlarından kurtulmanın yollarını arıyormuş. Cimrilik başa bela! Onları nereye atsa da kurtulsa acaba?

NUNU OĞLAN

Vaktiyle köyün birinde yaşlı annesiyle birlikte yaşayan bir oğlan varmış. Herkes onu 'Nunu Oğlan' diye çağırırmış. Nunu Oğlan'ın adı gibi kendisi de biraz garipmiş. Aklı biraz azmış ya da safmış da denebilir galiba. Nunu ve annesi çok da yoksullarmış. Annesi Nunu Oğlan'a:

– Nun oğlum, Nunu oğlum, anneni dinle oğlum. Evde bir yudum ekmeğimiz yok. Neden boş duruyorsun, dermiş ama Nunu öyle safmış ki kimse ona iş vermezmiş.

Nunu Oğlan annesinin yakınmasından bıkmış usanmış. Sonunda iş bulmayı kafasına koymuş. O gün evden çıkarak ev ev, kapı kapı iş aramış ama bulamamış. Derken bir pirinç tarlasına gelmiş. Tarlanın sahibi Nunu Oğlan'a acımış. Ona, pirinç çuvallarını taşımasını söylemiş.

Nunu Oğlan akşama kadar çalışmış didinmiş. Çuvalları tek tek tarlanın kenarına dizmiş. Tarla sahibi de Nunu Oğlan'a yaptığı işin karşılığında bir lira para vermiş. Nunu Oğlan parayı alıp kaybetmemek için ağzına atmış. Yolda yürürken bir çeşme görmüş. Eğilip su içeyim derken parayı 'Luk' diye yutmasın mı!

Sonra ağlaya ağlaya eve gidip annesine olanları anlatmış. Annesi de:

- Nun oğlum Nunu oğlum, hiç para ağza konur mu? Bir daha sana çiftçi emeğinin karşılığını verirse onu cebine koy, demiş.

Nunu Oğlan ertesi gün yine tarlaya gidip bütün gün çuval taşımış. Çiftçi bu sefer de ona bir kâse süt vermiş. Nunu Oğlan hemen sütü cebine boşaltmış. Sonra doğruca evine gitmiş. Annesi Nunu Oğlan'ın paçalarından akan sütü görünce, ne olduğunu sormuş.

- Çiftçi bana bir kâse süt verdi. Ben de onu cebime koydum, demiş Nunu Oğlan.

- Ah benim Nunu Oğlanım, hiç süt cebe konur mu? Çiftçi sana bir daha emeğinin karşılığını verirse onu omzunda taşı, demiş annesi.

Nunu oğlan ertesi gün tarlaya gidince bu kez de emeğinin karşılığı olarak çiftçi ona küçük bir sıpa vermiş. Nunu oğlan sıpayı omzuna attığı gibi evine yürümüş. Yolda beride onu gören herkes gülmeye başlamış tabii.

Sarayın penceresinden Nunu Oğlan'ı gören padişahın kızı bile kocaman bir kahkaha atmış. Öyle ki sesinden saray inlemiş. Oysa bu kız hiç gülmez, padişah da kızının hâline üzülür dururmuş. Kızını kimin güldürdüğünü merak etmiş. Nunu Oğlan'ı derhal saraya çağırtmış.

Sonra ne mi olmuş? Padişah Nunu Oğlan'ı kızını güldürdüğü için bir kese altınla ödüllendirmiş. O günden sonra Nunu Oğlan ve padişahın kızı çok iyi arkadaş olmuşlar... İkisi bir araya gelince ortalık kahkahadan yıkılıyormuş. Bak sesleri buraya kadar geliyor. Duyuyor musun?

MOPİ'NIN CEVİZLERİ

Ormanda küçük sevimli bir sincap varmış. Anne ve babasıyla birlikte sıcacık bir yuvada yaşarmış. Bu sincap ailesi çalışkan mı çalışkanmış. Her gün daldan dala zıplayarak fındık, ceviz toplar, bunları kış için yuvalarında saklarlarmış. Sevimli yavru Mopi de fındık, ceviz yemeye bayılırmış.

O gün Mopi'nin annesi, komşu sincap teyzeye gezmeye gidecekmiş. Mopi'nin canı gitmek istememiş.

- Sen git anneciğim, ben evde kalacağım, demiş. Annesi gidince Mopi'nin canı sıkılmış. Neyle vakit geçireceğini bilememiş. Oflayıp puflarken birden aklına kış için biriktirdiği cevizler gelmiş. "Annem cevizleri nereye sakladı acaba?" diye merak etmiş. Aramış, taramış derken cevizleri bir dolabın içinde bulmuş. "Vaay, ne kadar da çok cevizimiz varmış! Şunları bir sayayım bakalım kaç tanelermiş" demiş. Sonra ceviz kutusunu alarak yuvadan çıkmış. Ağacın dalına oturup saymaya başlamış.

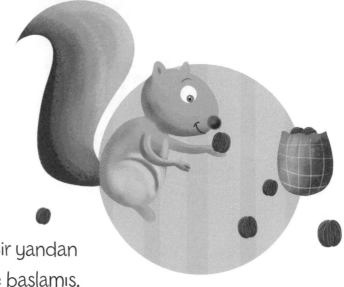

- Bir, iki, üç... kırk dört... elli sekiz...

Mopi sayarken canı ceviz çekmiş. Bir yandan da cevizleri çatur çutur kırıp yemeye başlamış.

Fakat tam altmış birinci cevize geldiğinde ceviz kutusu "Paat!" diye düşüp yeri boylayıvermiş. Cevizlerin her biri ağaçların, çalıların arasına dağılmış. Mopi, bu duruma çok üzülmüş. Ne yapacağını bilememiş. Hüngür hüngür ağlamaya başlamış.

Az sonra komşudan dönen annesi, Mopi'ye neden ağladığını sormuş. Mopi, çekine çekine annesine olanları anlatmış. Annesi:

- Madem cevizlerimiz yere döküldü. Burada ağlayacağına neden gidip onları toplamıyorsun, demiş.

- Ama bu çok zor bir iş, demiş Mopi. O kadar cevizi nasıl bulabilirim?

- İstersen başarırsın, demiş annesi. Denemeye ne dersin?

Mopi, ağaçtan inip, dökülen cevizleri tek tek toplamaya başlamış. Bir, iki, üç, dört ceviz derken, çalıların arasından tam seksen iki tane ceviz bulmuş. Cevizleri gören annesi:

– Aferin Mopi, demiş. Büyük bir iş başardın. Cevizlerimizi bulmasaydın kışın ne yapardık?

Mopi, o gün çok yorulmuş ama buna değmiş doğrusu... Bir daha annesi evde yokken etrafı karıştırmıyordur herhalde.

DENİZ YILDIZLARI

Memo, o gün annesiyle deniz kıyısında oturmuş, uzaktan geçen gemileri seyrediyormuş. Az ileride bir çocuk görmüş. Çocuk denizin kıyısında telaşla koşuşturuyor, yerden aldığı bir şeyleri denize atıyormuş. Memo, çocuğun ne yaptığını merak etmiş. Yanına gidip bakmış. Meğer denizin kıyısı karaya vurmuş yüzlerce, binlerce denizyıldızıyla doluymuş. Çocuk ise kıyıya vuran denizyıldızlarını alarak tek tek denize fırlatıyormuş.

Memo, çocuğa iyice yaklaşarak:

- Merhaba arkadaşım, demiş.

- Merhaba, demiş çocuk.

- Neden bu denizyıldızlarını denize atıyorsun?

- Çünkü dalgalar onları kıyıya atmış. Baksana hepsi susuzluktan ölmek üzereler.

Memo'nun aklı karışmış.

- Peki ama bu kadar deniz yıldızını nasıl kurtaracaksın? Birkaçını denize atmakla ne değişecek, demiş şaşkınlıkla.

Çocuk, denizyıldızlarını denize atmaya devam ediyormuş. Elindeki denizyıldızını da denize atarken:

- Bizim için bir şey değişmeyebilir, ama onun için çok şey değişti, demiş. Her şeyden önce hayatı kurtuldu. Denizde özgürce yaşayacak. Belki mini mini yavruları olacak. Mutluluk denizyıldızlarının da hakkı!

Memo'nun yüzünde tatlı bir gülümseme belirmiş.

- Haklısın arkadaşım, demiş.

Sonra o da yerden aldığı denizyıldızlarını denize atmaya başlamış. İki arkadaşın gayretiyle o gün kaç denizyıldızının hayatı kurtuldu kim bilir.